ELABORACIÓN CASERA

contenido

1 LA HISTORIA DE LA ELABORACIÓN CASERA

El proceso de elaboración de cerveza ha existido como un arte durante un milenio. Ha sido sólorecientemente, sin embargo, que los profesionales han tratado de convertirla en una ciencia aplicada.

La cervecería estadounidense más antigua es D.G. Yuengling &Son in Pottsville, Pennsylvania, que ha estado elaborando cerveza desde 1829. Aunque pensamos en la elaboración casera y la elaboración de cerveza en general como a partir de la década de 1800, la cerveza en realidad ha existido durante mucho más tiempo que eso. La elaboración casera y la cerveza siempre han jugado un papel importante en nuestras vidas. De hecho, se cree que Noé dispuso que la cerveza fuera labase de las disposiciones sobreel Ark!

ALE...

Lo que hoy conocemos como cerveza se conocía originalmente como ale. La ale se hacía fermentando el extracto de granos y cereales. Ciertas hierbas como la hiedra molida y la ordificaciónse utilizaron para aromatizar y amargar. A principios del siglo 15, la gente comenzó a notar una diferencia entre la cerveza y la cerveza, ya que la cerveza era la bebida saltada que se hacía en Belgium . La cerveza y la cerveza eran la bebida de la gente común en todo el país antes de que se introdujeran el café, el té y el cacao. Los monasterios fueron la ubicación de algunas de las primeras cervecerías comerciales en England.

Muchas familias, específicamente los agricultores, elaboraban su propia cerveza (o cerveza), aunque había cerveceros profesionales en la ciudad que también la hacían. De hecho, la elaboración de cerveza casera era una industria doméstica en esos días. La mayoría de estos cerveceros profesionales consistían enviudas, porque esta era una de las pocas opciones de carrera abiertas a las viudas. Los trabajadores en las fincas a menudo recibían cerveza como salarios. Cuando las tabernas entraban en existencia, cada una elaboraba su propia cerveza. Habían puesto un arbusto fresco fuera del lugar para que los que pasaban por allí supiera que había cerveza fresca disponible.

LA DÉCADA DE 1600

En 1683, William Penn comenzó un negocio de elaboración de cerveza en Pennsburg, para ganar dinero, así como animar a la gente a beber cerveza en lugar de licor duro, que parecía causar mal humor para muchos.

Los primeros métodos de elaboración de cerveza consistían en calentar y remojar la cebada para fomentar la germinación. El resultado de esta mezcla, llamada malta, se mezclaba con agua y se llevaba a ebullición hasta que formaba el[1]mosto, lo que significaba que se fermentaba. Lúpulo [2] were luego añadido a la sustancia hirviendo, para darle un aroma distintivo y sabor agradable pero amargo. El lúpulo se utiliza como agente de estabilidad y para aromatizar en la cerveza. El líquido se colaba, momento en el que se añadía levadura. Luego se dejó fermentar durante un par de días.

INGLÉS VS. OTRA CERVEZA

Una diferencia importante entre los métodos de elaboración de cerveza de entonces y de hoy es el proceso de sincronización. Antes del siglo XX, una regla general o receta antigua determinaba elmomento, en oposición al equipo y la tecnología modernos utilizados hoy endía. Había una diferencia entre la cerveza inglesa y la cerveza americana temprana.

Cuando se hacía la cerveza inglesa, la fermentaba con levadura que flotaba en la partesuperior, mientras que los alemanes usaban levadura que se quedaba en la parte inferior del mosto. Cuando los alemanes retiraron la levadura, permitieron que la cerveza enarezca a bajas temperaturas durante semanas. Esto resultó en una cerveza más suave con un mejor aroma, lo que la convierte en un estilo de cerveza más popular. Esta cerveza se hizo cargo de la industria de la cerveza, por lo que el estilo de levadura flotante de la fabricación de cerveza se dejó para la fabricación de ale. Fue aquí cuando se hizo la verdadera distinción entre cerveza y cerveza.

LA DÉCADA DE 1800

A finales de 1800seprodujo muchos cambios en la elaboración casera de la cerveza. Se hizo más difícil para el pequeño empresario o individuo competir con las cervecerías más grandes utilizando equipos actualizados. La adición del ferrocarril ayudó a las cervecerías a distribuir su cerveza en todo el país. Sin embargo, esto hizo que fuera un requisito que la cerveza pudiera soportar estar sentado durante días, los cambios de temperatura y sacudirse la mayor parte del tiempo en tránsito. Los aditivos químicos tuvieron que ser eliminados, y la pasteurización era necesaria para prevenir elcrecimiento de bacteriasl.

---

[1] El mosto es tLa solución de malta no fermentada o fermentada utilizada después de que la mezcla fermentada se convierta en cerveza

[2] El lúpulo proviene de el Humulus planta, que lleva flores femeninas en el forma de conos, que es lo que son utilizado en el proceso de elaboración de la cerveza

LA DÉCADA DE 1900 Y LA PROHIBICIÓN

Las leyes entraron en vigor para asegurarse de que se cumplieron estos requisitos. A principios de 1900 se produjo la gran Prohibición, una época en la que estaba prohibido vender bebidas alcohólicas. Esto perjudicó drásticamente al negocio de la cerveza y los licores, pero sobrevivió. Después de que se hizo la prohibición, tomó muchos años para conseguir que la gente vuelva al hábito de beber cerveza en lugar de licorduro, sin embargo.

La elaboración de cerveza casera se hizo legal en 1976 y muchos cerveceros artesanales de la pequeña ciudad comenzaron a hacer y comercializar sus propias marcas decerveza, para la venta a otros negocios y áreas. Las ventas de cerveza artesanal crecieron tanto que se volvieron competitivas para algunos de los grandes cerveceros, que luego comenzaron a desarrollar y comercializar sus propias marcas de cerveza.

La cerveza casera no es tan popular como lo fue unavez, con las muchas leyes diferentes que se han promulgado a través de los años. Muchos han cambiado de la elaboración casera de cerveza para probar sus manos en el vino y otros licores. Lo interesante de la elaboración casera,sin embargo, es que con cada bebida que haces, querrás hacer más de alguna otra variedad solo para experimentar.

2 RAZONES PARA LA ELABORACIÓN DE CERVEZA CASERA

La gente elige la cerveza casera por diferentes razones. Algunos disfrutan del arte de hacer su propia cerveza para consumo personal, mientras que otros elaboran cerveza casera para el espíritu competitivo en concursos de elaboración de cerveza amateur. Otros cerveza casera para distribuirlo en reuniones sociales en su casa, y algunos simplemente lo hacen por la afición. Independientemente de la razón, la elaboración casera sigue siendo muy popular y muy divertida una vez que aprendes el arte.

Si bien el término "elaboración casera" puede referirse a la elaboración de cerveza, bebidas alcohólicas e incluso algunos refrescos, se usa con mayor frecuencia cuando se habla de la fabricación de cerveza.

CERVEZA Y DINERO

En la época de los babilonios, la cerveza era tan valorada que se usaba como salario para ser entregada a los trabajadores en lugar de dinero. La cerveza también jugó un papel importante para losegipcios, ya que se elaboraba para la realeza, con fines médicos y para ser utilizada en entierros como una provisión para el viaje al más allá.

En la década de 1600, cuando un caballero egipcio le dio a una dama un sorbo de su cerveza, eso significaba que estaban prometidos. La cerveza también se utilizaba para el pago, el comercio, el diezmo y la tributación en la época medieval. Por lo tanto, se puede ver mientras que es una forma de refresco hoy en día, la cerveza era de mucho más importante ce en el pasado. Tan far atrás como el tiempo 4,000 B.C., había razones para la elaboración de cerveza casera.

EL CONOCEDOR DE LA CERVEZA

Si alguna vez has ido a un bar y has observado a bebedores de cerveza, verás que algunos pedirán la cerveza más barata en el bar o beberán cualquier marca que sirva el bar. Estos no son verdaderos conocedores de la cerveza.

Un bebedor de cerveza verdadero y serio tiene ideas específicas de lo que quiere en su cerveza. Esta es otra razón por la que muchos eligen la elaboración casera. Les gusta un estilo específico de cerveza y prosperan para obtener el sabor justo. A menudo hay un cierto sabor o estilo de cerveza que no está disponible comercialmente en su área, por lo que elaboran cerveza casera para tener acceso a ella en un momento dado.

La elaboración casera es, para muchos, no solo conveniente, sino también una forma de obtener el sabor de la "cerveza viva". Casi toda la cerveza que se hace es pasteurizada, por lo que no estás obteniendo el sabor natural. Cuando la cerveza se pasteuriza, hay que cocinarla, lo que elimina la carbonatación. Los cerveceros comerciales "fuerzan la carbonatación" al tomar el alcohol hervido y mezclarlo con la cerveza pasteurizada, lo que mata la levadura.

Sin levadura viva, la cerveza no envejecerá correctamente, lo que afecta el sabor de la cerveza. La levadura no solo mejora el sabor de la cerveza, sino también el color y la textura. Cuanto más envejece la cerveza, mejor sabe, que es una gran razón por la que muchos eligen elaborar en casa su propia cerveza.

LA CERVEZA COMO COMBUSTIBLE

Otro uso único para la cerveza casera es como un tipo de combustible. Muchos agricultores que tienen un excedente de biomateriales como arroz, granos, patatas, remolachas, etc. utilizarán estos materiales para hacer su propio alcohol para alimentar su equipo agrícola. Esto no solo es creativo, innovador y energéticamente eficiente, sino también muy económico. Los automóviles y camiones también pueden utilizar este combustible de ahorro de costos como una alternativa a pagar los altos precios en la bomba.

AHORRO DE DINERO

La elaboración casera de cerveza puede ser mucho más barata que comprar cervezas de tipo equivalente de cerveceros comerciales, tabernas o tiendas. Algunos cerveceros caseros eligen personalizar sus recetas a sus papilas gustativas, lo que puede costar más, pero aún así suele ser más económico elaborar en casa su propia cerveza. Todo el mundo disfruta de un sabor diferente a su cerveza. Sin mencionar, el gran sabor de la cerveza recién elaborada en casa y la satisfacción de presumir a sus amigos de que es "su" cerveza.

El lúpulo es la sustancia que le da a la cerveza lamayoría de su sabor y la elaboración casera permite al fabricante ajustar la cantidad de sabor a lúpulo que ponen en su cerveza casera.

Algunos bebedores de cerveza dedicados ajustarán la cantidad de saborizante de lúpulo para que sea mucho mayor que lo que probarían en una cerveza comercial. La elaboración casera también le da a la persona la oportunidad de ajustar la cantidad de alcohol que entra en la cerveza, ya que a algunos les gusta el alto contenido de alcohol, mientras que a otros les gusta un sabor de cerveza más suave. A los cerveceros caseros a menudo les gusta experimentar con cervezas más oscuras o más claras y crear algunas cervezas especiales que no están disponibles en el mercado abierto o son muy raras y difíciles de encontrar.

Además de todas las razones obvias mencionadas aquí para la elaboración casera, es simple y llanamente muy divertido. Una vez que comiences, no querrás dejar de fumar. La anticipación de probar su cerveza casera es algo que lo mantendrá mirando el calendario. Sus amigos probablemente todos estarán en su puerta en el "día de la muestra" cuando esté listo para beber.

3 LEGALIDAD DE LA ELABORACIÓN CASERA

Muchas personas que están considerando la elaboración de cerveza casera están preocupados por la legalidad de este proceso. When pensamos en la elaboración de cerveza casera, la prohibición viene a[3] la mente. Este fue un período sombrío en los corazones de los muchos bebedores de cerveza. Duró demasiado tiempo para su gusto y tomó muchos años para que la cerveza volviera al mercado tan fuerte como lo era antes de la Prohibición. Las leyes han cambiado mucho a lo largo de los años, de manera diferente en muchos estados y países. Aunque la elaboración casera es legal en la mayoría de las áreas, debe verificar la legalidad en su estado o país antes de comenzar este divertido proceso.

Durante muchos años después de la Prohibición, la elaboración de cerveza casera seguía siendo ilegal en ciertas áreas del **United States** a pesar del hecho de que la Prohibición fue derogada en 1933.

En 1978, en el **U.S.**, se aprobó una ley o proyecto de ley en el Congreso con respecto a la elaboración casera durante el mandato del presidente Jimmy Carter. Muchas personas creen erróneamente que su proyecto de ley permitió la elaboración casera de cerveza y vino, que en ese momento todavía era ilegal. El proyecto de ley que en realidad se aprobó hizo que ciertas cantidades de cerveza casera para uso personal estuvieran exentas de impuestos. Para comprender mejor este proyecto de ley y otros proyectos de ley relacionados con la elaboración de cerveza casera, puede consultar sus estatutos locales.

LEY ESTATAL

Las Constituciones de los Estados Unidos han dado a cada estado individual el derecho de dictar las leyes que estarán en vigor con respecto a la fabricación de cerveza casera u otras sustancias alcohólicas. No asuma que lo que es legal en un estado será legal en el siguiente estado. No quieres ver cómo un nuevo pasatiempo tuyo se convierte en una pesadilla de problemas legales.

Alabama, por un lado, establece claramente que es ilegal en todos los condados tener cualquier equipo o aparato utilizado para fabricar cualquier tipo de bebidaalcohólica. También es ilegal que las bebidas fabricadas ilegalmente sean traídas al estado o transportadas dentro del estado.

La mayoría de los estados en el , sin embargo, permiten la **United States**elaboración de cerveza casera. Hay algunas restricciones a las cantidades de cerveza y la edad de la persona que elabora la cerveza. La mayoría de estas leyes no permiten más de 100 galones de cerveza casera por persona por hogar y la persona debe ser mayor de 21 años.

---

[3] El período de tiempo de 1920-33 cuando el 18^{ésimo} La enmienda restringía cualquier bebida alcohólica que se fabricara, transportara o vendiera en cualquier lugar de la **United States**

El máximo que pueden elaborar por año es de 200 galones. Las personas que elaboran sus propias cervezas tienen restringido su venta porque el gobierno federal grava el alcohol a través de impuestos especiales. La mayoría de los países occidentales tienen las mismas leyes de elaboración casera.

En Michigan, por ejemplo, es perfectamente legal elaborar su cerveza si tiene más de 21 años de edad, pero solo hasta 100 galones. Puedes dar tu cerveza casera a otras personas, pero no puedes venderla. Los 100 galones, por cierto, se pueden dividir en 20 lotes de 5 galones de cerveza. A muchos cerveceros caseros les gusta hacer cantidades más pequeñas a la vez para que puedan experimentar con diferentes sabores, colores y variedades.

Kentucky, por otra parte, prohíbe a cualquier persona tener en su poder cualquier aparato utilizado en la fabricación de cualquier bebida alcohólica, incluida la elaboración casera. Si bien están más preocupados por la destilación ilegal, sus leyes también pueden extenderse a la elaboración casera de cerveza.

ELABORACIÓN DE LA CERVEZA FRENTE A DESTILACIÓN

Asegúrese de no confundir la elaboración casera con la destilación, que es *muy* ilegal en la mayoría de los estados sin ciertos permisos y requisitos. Una vez más, es muy importante para su tranquilidad revisar las leyes específicas en su localidad para asegurarse de que no estará en peligro legal cuando comience este pasatiempo. Las leyes generalmente varían de un país a otro o de un estado a otro.

Sweden, por ejemplo, te permite elaborar cerveza casera siempre y cuando no intentes venderla y siempre y cuando solo la uses para uso personal.

No permiteque United Kingdomlas personas destilen o vendan sus productos de elaboración casera;   es legal elaborar cerveza casera u otras bebidas fermentadas. Los cerveceros caseros tampoco tienen un límite en cuánto pueden ganar.

Australia permite a las personas a preparar en casa sus propias bebidas. La única restricción es que no pueden usar un alambién. Si cualquier individuo posee un alambico, su tamaño no puede ser mayor que 5 litros y no se puede utilizar para la destilación de alcohol. El único uso que pueden tener para un alambinco es todavía ciertas sustancias como el agua o aceites esenciales.

New Zealandpermite la elaboración de cerveza casera y la destilación a partir de 1996, cuando se levantó la prohibición en contra. Las personas no pueden destilar aguardientes para su propio uso personal aquí, pero no pueden vender ni suministrar bebidas alcohólicas a menos que tengan la licencia apropiada y correcta para hacerlo.

South Africa permite a las personas fabricar bebidas fermentadas en su hogar sin ningún límite en la cantidad. Interesante, sin embargo, es que no pueden destilar o vender sus bebidas o dárselas a ninguno de sus empleados. El razonamiento detrás de la ley con respecto a su personal no está claro a menos que se trata de unproblema de pierna al que implica intoxicación.

Lo que encontrará en la mayoría de los estados o países es que el arte de elaborar cerveza casera, vino o cualquier bebida fermentada no es lo que está en contra de las leyes; más bien es la venta de estos productos lo que está restringido. En muchos estados, la elaboración de cerveza casera no se considera en sus leyes porque están más preocupados por la fabricación y venta de licores duros.

Debido a que la cerveza casera no se fabrica y vende comercialmente, a menudo no se incluye en los estatutos y regulaciones, dejando una gran cantidad de "área gris" en la ley. Revise las leyes donde vive antes de comenzar solo para estar en el lado seguro.

4 VENTAJAS Y DESVENTAJAS DE LA ELABORACIÓN CASERA

Como con cualquier pasatiempo, hay ventajas y desventajas. Lo mismo es cierto con la elaboración casera de cerveza. Sin embargo, la mayoría de las personas que eligen preparar en casa su propia cerveza u otras bebidas le dirán que las ventajas superan con creces las desventajas.

Cuando se piensa en la ventaja número uno de la elaboración casera, lo que viene a la mente es lo que más significa para los amantes de la cerveza: el sabor.

Beber cerveza elaborada comercialmente en lugar de cerveza casera es como comer alimentos cuando tienes un resfriado. La comida simplemente no sabe como debería. No estás recibiendo el sabor completo.

Cuando usted está bebiendo cerveza elaborada comercialmente que hasidoenlatada, embotellada, expuesta al aire exterior y golpeada alrededor, no va a tener un sabor tan bueno como lacerveza fresh. Si no crees esto, abre una botella de cerveza de la tienda, olfatearla y luego olfatear tu cerveza recién elaborada. Verás que no hay comparación. Baste decir que es posible que no quiera volver a beber cerveza comprada en la tienda. Esta es probablemente la principal ventaja de elaborar su propia cerveza en casa.

VENTAJAS PARA LA SALUD

Elaborar su propia cerveza le da la ventaja de una bebida saludable. Es posible que se sorprenda al ver que la cerveza se describe como una bebida "saludable", pero es saludable en el aspecto de que sabe lo que está pasando en la cerveza y lo que no. Si alguna vez has mirado los ingredientes en una botella de cerveza o cualquier bebida para el caso, probablemente encontrarás que no reconoces la mitad de los ingredientes que van en el producto. Peor que eso es el hecho de que usted está consumiendo estos ingredientes desconocidos.

Al elaborar su propia cerveza, está obteniendo ingredientes totalmente naturales que le son familiares. Tampoco estás recibiendo todos los conservantes que obtienes cuando bebes cervezas comerciales, por lo que estás obteniendo una cerveza de mejor calidad y mejor sabor.

Estarás familiarizado con la malta, la cebada, el lúpulo o cualquier otro ingrediente natural que pongas en tu cerveza. En su búsqueda de buenas recetas de elaboración casera, encontrará que hay muchas variedades que puede probar.

Independientemente de la receta con la que finalmente decidas seguir, aún sabrás lo que va en la cerveza. Lo que te gustará también con hacer tu propia cerveza es que puedes controlar el contenido de alcohol que va en la cerveza. Es posible que le guste un mayor contenido de alcohol mientras su esposa disfruta de una cerveza más suave.

Cuando compras un paquete de seis de cerveza, te ves obligado a beber un cierto contenido de alcohol a menos que quieras comprar otro paquete de seis de menor o mayor contenido de alcohol. Cuando haces tu propia cerveza, puedes mezclarla y hacer una variedad que se adapte a todos.

DERECHOS DE FANFARRONEAR

No nos olvidemos de los derechos de fanfarronear. Cuando haya terminado de hacer su cerveza, probablemente querrá tener una fiesta o reunión social para mostrar sus habilidades de elaboración de cerveza en casa. Te dará mucho orgullo poder decir que lo hiciste tú mismo. Sus amigos quedarán impresionados con sus habilidades culinarias y querrán aprender todo lo que puedan sobre la elaboración casera.

La cerveza casera tiene un sabor frescoy natural que nunca obtendrá con la cerveza elaborada comercialmente. No solo es una opción natural y de mejor sabor, sino que también es muy barato en comparación con lo que pagarías en un supermercado o tienda de licores.

La capacidad de experimentar con la receta seguirá siendo una fuente de diversión para usted. Nunca te cansarás de probar diferentes recetas y hacer diferentes tipos de cerveza. Ya sea cerveza suave, alto contenido de alcohol, cerveza oscura o clara, te encantará experimentar hasta que encuentres la combinación perfecta para tu nueva receta y bebida favoritas.

Otra ventaja de la elaboración casera es que además de tener una cerveza de primera calidad, también la obtendrás a un costo asequible. Una vez que tenga todo lo que necesita para su empresa de fabricación de cerveza, podrá hacer cerveza por solo unos pocos centavos de cerveza. El tipo más barato de cerveza comercial que usted compra es por lo menos un dólar por botella. Te sorprenderá la cantidad de cerveza que puedes preparar con ese mismo dólar. Tan barato como puedes hacer esta cerveza, es una pena que no puedas venderla!!

DESVENTAJAS

Ahora vamos a entrar en las desventajas de la elaboración casera de su propia cerveza o bebidas. Como se discutió anteriormente, no hay tantas desventajas como ventajas. Además del lío que tendrás, una desventaja para hacer tu propia cerveza son los costos iniciales de puesta en marcha.

Si el dinero y el presupuesto es una preocupación importante para usted, es posible que le resulte difícil comprar cómodamente todo lo que necesita para hacer su propia cerveza. Por lo general, puede esperar gastar unos pocos cientos de dólares para comenzar. El equipo que necesita costará alrededor de $ 100 más un hervidor de agua grande, que puede costar hasta $ 50 o más.

Teniendo en cuenta los precios de su tienda para la levadura líquida y seca, toda la lista de ingredientes para hacer una combinación de 5 galones puede costar de $ 25 a $ 50. También querrá comprar algunos desinfectantes y botellas, que costarán de $ 10 a $ 20 por 24 botellas de tamaño de 12 onzas. Las botellas, sin embargo, se pueden reutilizar repetidamente con suficiente limpieza.

Aunque puede continuar usando su equipo de cocina para ahorrar dinero, muchas personas optan por comprar equipos especiales diseñados específicamente para la fabricación de cerveza. Aunque estos costes pueden sonar expensive para empezar, muchos de ellos son costes de una sola vez. Sin mencionar que obtendrás mucha cerveza por la cantidad de dinero que has invertido.

Otra desventaja de preparar en casa su propia cerveza es que le encantará el sabor tanto que puede encontrarse bebiendo más de lo que solía y más de lo que debería! Sus vecinos pueden ser más de más de a menudo y luego normal, así como para obtener algunos de su gran sabor gratis (al menos para ellos) cerveza!

La elaboración de cerveza casera también puede ser muy desordenada y llevar mucho tiempo, especialmente hasta que se entiende por completo. Puede decidir que desea una sala especial para este proceso si lo va a hacer con frecuencia.

5 VARIEDADES DE ELABORACIÓN CASERA

Si bien escuchar los términos, 'cerveza casera' nos hace pensar con mayor frecuencia en la cerveza, definitivamente no estamos limitados a la cerveza. La cerveza suele ser la bebida con la que comienzan la mayoría de las personas interesadas en la elaboración casera, sobre todo porque es la más popular. Otra razón es que es la bebida fermentada que se consume con mayor frecuencia.

La elaboración casera de cerveza es una experiencia divertida para todos, pero especialmente para las personas que disfrutan de una buena cerveza, así como de la variedad de diferentes sabores. Puede cambiar fácilmente de una cerveza ligera suave a una cerveza oscura con alto contenido de alcohol. Esto es lo que la mayoría de los cerveceros caseros disfrutan más de hacer su propia cerveza: la capacidad de experimentar hastaque lay encontrar sólo el tasteperfecto.

ELABORACIÓN DE VINOS

Si eres una persona a la que le gusta una buena copa de vino, te encantará la oportunidad de preparar en casa tu propio vino también. Para ocasiones especiales como reuniones sociales o asuntos formales, muchos disfrutan bebiendo licor duro. El licor también es una bebida que encontrarás divertida e interesada en hacerte.

Muchos kits de inicio de elaboración de vino están disponibles si la elaboración de vino es lo que desea probar a continuación. No estarás limitado en tu selección, ya que podrás hacer vinos tintos, blancos, vino de hielo de Oporto, champán, sidra dura y más.

Muchas de las empresas que venden kit de vinificación le ayudarán con casi cualquier tipo de vino que elija hacer. Les dices el sabor o tipo que quieres hacer y te ayudarán a obtener el kit de ingredientes para la elaboración de vinos adecuado.

Si está planeando hacer vino en el futuro, es posible que desee comenzar a guardar sus botellas de vino viejas para que no tenga que invertir el dinero en botellas nuevas. Algunas veces el precio de las nuevas botellas vacías puede costar casi tanto como la cerveza en sí! Su inversión inicial incluirá los ingredientes y el equipo, que se ejecutará alrededor de $150. Gran parte del equipo que ha utilizado para la elaboración de cerveza casera se puede utilizar para el vino y otras bebidas espirituosas. Esto es especialmente cierto si ha invertido en equipos de mayor calidad.

Una cosa que muchos cerveceros caseros disfrutan de hacer su propio vino es el sabor de la bebida mientras que en realidad lo están haciendo. ¡El sabor suele ser tan bueno que se encuentran bebiéndolo mientras lo hacen!

Otro aspecto positivo de la elaboración del vino es que, por muy fácil que sea la elaboración de cerveza, la mayoría de los estados que hacen vino es aún más fácil. El tamaño promedio del lote que obtendrá con los kits de vinificación de inicio es de 6 galones. Si bien eso puede no sonar como mucho, puede recorrer un largo camino. A la mayoría de la gente le toma bastante tiempo pasar por incluso un galón de vino, mucho menos seis a menos que beban mucho. La mayoría del vino no se consume tan a menudo o en cantidades tan grandes como la cerveza.

Una buena regla general con la elaboración de vino es que cuanto más tiempo se sienta, mejor va a saber. Si usted encuentra que no sabe todo then grande, probablemente no está listo. Cuando esté listo para beber, encontrarás que es probablemente el mejor vino de degustación que hayas tenido. El proceso de mezcla y saneamiento del vino solo dura aproximadamente media hora y el embotellado tarda de 1 a 2 horas. Luego esperas seis o más semanas para obtener un vinode gran sabor. Si el vino se hizo bien con las técnicasde saneamientoadecuadas, se mantendrá fresco durante más de un año. El uso de corchos de primera calidad y un mayor contenido de alcohol lo mantendrá fresco aún más tiempo.

LICORES Y CORDIALES

En años pasados, la generación más joven de bebedores era en su mayoría bebedores de cerveza. Si bien todavía disfrutan de una buena cerveza hoy en día, también les encanta el sabor de los licores y cordiales. Si crees que es principalmente la generación mayor la que disfruta de estas bebidas de lujo, no podrías estar más equivocado. Todo el mundo disfruta de una buena bebida de vez en cuando. Esta es la manera perfecta de aumentar el inventario en la barra de su casa sin gastar un brazo y una pierna. Las variedades de licor que puedes hacer son increíbles.

Imagina la diversión que tendrás haciendo Crème de Menthe, Crème de Cocoa, Irish Crème, Hazelnut, Cherry Brandy, Amaretto, Blackberry Schnapps, Peach Schnapps o Kahlua.

La mayoría de los kits de cerveza casera para licores y licores le ofrecerán una "receta base" para comenzar y instrucciones sobre los diferentes saborizantes que desea usar. La única cosa que el licor casero tiene en común es el sabor. No encontrará ninguna comparación entre los sabores del licor casero en comparación con el licor elaborado comercialmente.

CERVEZA CASERA SODA POP

Mientras estás tan ocupado haciendo tu cerveza o licor, a tus hijos no les importará todo el tiempo que les tome cuando aprendan a hacer su propio refresco. Este proceso relativamente simple solo toma aproximadamente una hora más o menos. A usted y a ellos les encantará el sabor de la cerveza de jengibre casera, la zarzaparrilla, la crema de refresco, la soda de cereza, la cerveza de raíz, la cola y más. Esta tradición de hacer refrescos se remonta mucho tiempo atrás y es tan educativa como divertida.

Hacer refrescos caseros no requiere mucho equipo. Necesitarás una manguera de sifón, una cuchara de agitación, un cubo, un hervidor de agua para hervir y algunas botellas de refresco. También tendrá que obtener algunas tapas y un tapón de botella. Por cierto, a sus hijos les encantará usar el taponador de botellas y tapar sus propias botellas. Estos están disponibles en cualquier tienda que venda suministros caseros.

Los únicos ingredientes reales que necesitará son paquetes de sabor, paquetes de levadura, azúcar y agua. Los paquetes de levadura hechos para bebidas funcionan mejor que la levadura de pan y le darán a su refresco un mejor sabor. Usted encontrará que hacer refrescos es divertido, rápido y le da a usted y a su familia una bebida de gran sabor.

Hacer su propia soda consiste en nada más que mezclar el azúcar y el agua, agregar el saborizante, mezclar la levadura y luego desviarla en las botellas. Una vez que las botellas están llenas, se ponen las tapas en ellos y dejarlos reposar durante 2 semanas.

6 GLOSARIO DE TÉRMINOS DE ELABORACIÓN CASERA

Si eres nuevo en el proceso de elaboración casera, vas a leer muchas palabras y términos que te serán desconocidos. Si bien no necesita saber lo que significan todos, será útil tener una idea general de lo que la mayoría de ellos significan.

Tenga en cuenta que algunos de estos términos se pueden usar en cervecerías más grandes en lugar de en su proceso de elaboración de cerveza casera. Si bien hay muchos otros términos de elaboración de cerveza, estos son los más comunes que escuchará en su elaboración casera.

- **Aditivos**
  Estas sustancias como conservantes, enzimas o antioxidantes se pueden agregar a su cerveza casera para agregar a la vida útil o simplificar el proceso de elaboración de la cerveza.

- **Adjunto**
  Este es un material fermentable utilizado para hacer una cerveza más barata o de cuerpo más ligero y es un sustituto de los granos tradicionales.

- **Alcohol**
  Esto puede referirse al alcohol etílico o etanol. Cuando la levadura trabaja con el azúcar en la malta, se obtiene un cierto contenido de alcohol, lo que lo hace intoxicante. Otros lo describen como el resultado de la fermentación.

- **Alcohol por peso**
  Esto significa la cantidad de alcohol que hay en su cerveza como porcentaje del volumen de cerveza. Si una botella indica que es 2.5% de alcohol en peso, significa que tiene 2.5 gramos de alcohol por cada 100 centímetros de cerveza.

- **Ale**
  Este es un tipo de cerveza resultante del uso de cebada malteada y los tipos de fermentación superior de levadura de cerveza. La mayoría de las cervezas que encontrarás tendrán lúpulo en ellos, lo que equilibra el sabor.

- **Todo-malta**
  Esta es una cerveza que se hace de toda la malta de cebada y sin adjuntos.

- **Ácidos alfa**
  Estos son los compuestos amargores en el lúpulo, que se extraen cuando el lúpulo se hierve con el mosto. Cuanto mayor sea el contenido de ácido alfa, más amargo será el sabor.

- **Cebada**
  Este es un grano de cereal, que una vez malteado, se utiliza como puré cuando se elabora cerveza.

- **Barril**
  Esta es una unidad de medida utilizada para almacenar cerveza. En el U.S., un barril es igual a 31.5 galones y 36 galones imperiales en Britain.

- **Cerveza**
  Este término se refiere a las bebidas que se aromatizan a partir del lúpulo y contienen alcohol de la fermentación de granos como la malta.

- **Body**
  Body describe el grosor y la propiedad de su cerveza, ya sea de cuerpo completo o delgado.

- **Taponador de**
  botellas Este es un dispositivo utilizado para poner sus tapas de corona en sus botellas. Se pueden utilizar para cerveza casera o refresco.

- **Cubo de**
  embotellado Este cubo, hecho de plástico de grado alimenticio, tiene una espiga en la parte inferior para su conveniencia. El azúcar de cebado se pone en estos cubos antes del embotellado, por lo que a veces se les conoce como recipientes de cebado.

- **Levadura de fermentación inferior**
  Este es uno de los dos tipos de levaduras que se utilizan en la elaboración de la cerveza. También conocida como "levadura lager", es mejor cuando se usa a bajas temperaturas y produce un sabor limpio y crujiente porque fermenta con más azúcares.

- **Hervidor de**
  cerveza Este es el recipiente donde el mosto que proviene del puré se hierve con el lúpulo.

- **Carbonatación**
  Este es el brillo creado por la fermentación y causado por el dióxido de carbono.

- **Cepillo de carboy**
  Si utilizas una cocheza, este cepillo es una necesidad para la limpieza. Es perfecto para llegar al interior de la carboy, que tendrás que hacer para limpiarla a fondo.

- **Tanque de acondicionamiento**
  Este es el tanque donde se almacena la cerveza después de la fermentación inicial. Aquí es donde madura y se carbona a partir de la fermentación secundaria.

- **Dry-hopping**
  Esto es cuando se añade más lúpulo a la cerveza de envejecimiento o fermentación para aumentar el aroma o el carácter del lúpulo.

- **Carboy de**
  vidrio Estos recipientes de vidrio, que también se llaman fermentadores,se utilizan para almacenar la cerveza mientras fermenta. El tamaño más común es de 5 galones, aunque vienen en una variedad de tamaños.

- **Lúpulo**
  Este es el cono femenino de la planta de lúpulo, que se utiliza como agente de estabilidad y sabor en la cerveza y otras bebidas.

- **Hidrómetro**
  Este instrumento se utiliza para medir el peso del líquido (fermentado o no fermentado) en relación con el volumen de agua.

- **Lager**
  Este término se utiliza para describir un estilo de cerveza.

- **Malta**
  Se trata de un grano, generalmente cebada, que se empapa en agua para llegar a un cierto nivel de humedad. Luego se germina y luego se tuesta para ser utilizado en la elaboración de cerveza. La cantidad de tostado determina qué tan clara u oscura será la cerveza. Se utilizan como adjuntos.

- **Caña de trasiego**
  Este es un tubo de plástico duro utilizado cuando se transfiere la cerveza de la tetera de fermentación al cubo de embotellado o hervidor de agua. Se dobla en un extremo con una tapa en el otro extremo, lo que permite que el líquido fluya a través de la menor cantidad de sedimento.

- **Desinfectante**
  Este es un tipo especial de limpiador necesario para desinfectar (no solo limpiar) todo su equipo para que sea estéril y no promueva bacterias. Algunas personas usan lejía sin aroma para esto.

- **Manguera de sifón**
  Esta manguera se utiliza para llevar la cerveza del recipiente o barril a las botellas, donde se almacenará.

- **Sparge Bags**
  These bolsas re utilizado para empinar los granos especiales o lúpulo en el hervidor de cerveza. Puede obtener los reutilizables o desechables. Están empapados como bolsitas de té.

- **Tubería**
  Necesitará tanto tubos pequeños (3/8 "o 1/2" de diámetro interior) como tubos grandes (1" de diámetro interior) para su elaboración casera. El pequeño tubo se utiliza para sacar la cerveza del fermentador y para el embotellado. Este tubo grande se utiliza durante el proceso de fermentación inicial. Ambos tubos de tamaño están hechos de plástico resistente.

- **Recipiente**

  Este es el recipiente donde se guardará la cerveza durante el período de fermentación.

- **Mosto**

  Este término se utiliza para describir la mezcla del agua hervida y la malta después de que se haya añadido el lúpulo y antes de que se fermente.

- **Enfriador de mosto**

  Esto se utiliza para enfriar rápidamente el mosto hirviendo para ayudar a la levadura a lanzar mucho más rápido, lo que ayuda a prevenir el riesgo de infección. No es una necesidad, pero hace que las cosas vayan mucho más rápido y suave. Algunos optan por hacer su propio con un doblador de tubos y tubos de cobre.

- **Levadura**

  Este ingrediente ayuda con la fermentación en su cerveza casera. Mientras que algunas personas pueden tratar de usar levadura de panaderos, levadura de cerveza funcionará mucho mejor.

7 ACCESORIOS NECESARIOS PARA LA ELABORACIÓN DE CERVEZA CASERA DESDE CERO

Ahora que has leído tanto sobre la elaboración casera, probablemente estés emocionado y listo para ponerte en marcha. Aunque su cerveza necesitará un par de semanas desde el primer día hasta que esté lista para beber, el proceso de elaboración de cerveza casera real solo toma un par de horas. Su principal preocupación es probablemente qué equipo necesitará para comenzar a elaborar cerveza casera. Mucho de esto dependerá de lo serio que seas acerca de la elaboración casera. Hay algunos factores diferentes que puede tener en cuenta. Los dos factores principales son su seriedad sobre la elaboración casera y su presupuesto.

Si usted es muy serio acerca de entrar en la elaboración de cerveza casera y piensa que lo va a hacer mucho, entonces es probable que desee comprar un buen equipo de elaboración de cerveza casera. Por otro lado, si estás probando esto por primera vez y no estás seguro de si lo harás de nuevo, no vas a querer gastar mucho dinero en nuevos equipos de elaboración de cerveza casera. Algunos de los equipos domésticos que ya tiene en su cocina pueden ser suficientes.

También debe tener en cuenta su presupuesto. Si las finanzas son una preocupación, querrá usar lo que ya tiene en su cocina u obtener su equipo lo más barato posible. Muchas de las piezas de equipo enumeradas harán que su elaboración casera sea más fácil, pero no son una necesidad. Una última cosa que debe considerar al decidir qué comprar y qué no comprar es la cantidad de habitación en su hogar. ¿Tiene espacio adicional para equipos adicionales, como lo que necesitará para la elaboración de cerveza casera? Aunque muchas de las piezas son pequeñas, algunas de ellas son más grandes y ocuparán algo de espacio.

LISTA DE EQUIPOS

Aquí hay una lista de lo que necesitará para hacer cerveza en su hogar.

- **Una olla grande**
  Necesitará que tenga al menos 5 galones (algunos usan hasta un tamaño de 16 galones). Cuanto más grande, mejor porque habrá menos posibilidades de derrames. This es generalmente una olla grande de acero inoxidable, a veces llamada su hervidor de cerveza.

- **Tuberías y abrazaderas**
  Abrazaderas que puede obtener en una tienda que vende equipos de elaboración de cerveza casera. La tubería es para el sifón de la cerveza. Usted querrá tubos de plástico de grado alimenticio en ambos 3/8 "de diámetro interior y 1" de diámetro interior. El tubo grande se utiliza durante el período de fermentación inicial y el tubo más pequeño se utiliza para obtener la cerveza del fermentador para el embotellado.

- **Fermentador hermético**

  Puede comprar una cochena de vidrio o usar un cubo de plástico de tamaño de 5 galones. Aquí es donde guardarás tu cerveza mientras fermenta. Las cocheras de vidrio vienen en diferentes tamaños, aunque el tamaño más común es de 5 galones. Si está en tu presupuesto, querrás ir con la carboy de cristal porque no tendrás que preocuparte de que tenga fugas y es muy fácil de limpiar si tienes un cepillo grande.

- **Cepillo de carboy**

  Si has invertido en un carboy, querrás tener un cepillo de carboy, ya que nada lo limpiará mejor.

- **Esclusa de aire y tapón**

  Hay diferentes tamaños de tapones de goma, pero necesitará 1 3/16 "- 1 8/16" para adaptarse a una carboy de 5 galones. Los tapones van en la abertura en la carboy y las cerraduras de aire van en los tapones. Puede obtener un tipo 1 o tipo 2 air lock. Ambos funcionan aproximadamente igual, pero el tipo 1 es más fácil de limpiar.

- **Bottle Filler**

  This se utilizará cuando usted está embotellando su cerveza y debe ser de tamaño para que se adapte a su otro tubo. Esto está disponible donde venden suministros homebrew.

- **Termómetro**

  Necesitará uno que va desde para 32 ° -220 ° F o 0 ° -100 ° C.

- **Hidrómetro**

  Esto no es una necesidad, pero es muy útil. Viene con un tubo de muestreo que medirá la gravedad de la cerveza antes y después de la fermentación. Esto le permitirá saber cuánto azúcar se ha convertido en alcohol.

- **Botellas**

  Querrá obtener botellas de grado retornables debido a la limpieza de alta resistencia que necesitarán, que son lo suficientemente fuertes como para soportar. Si está preparando 5 galones de cerveza, necesitará aproximadamente 60 botellas si son 12 oz y 32 botellas si son 22 oz. No obtenga el giro de las botellas de la tapa, sino más bien las que usted hace palanca fuera de la tapa.

- **Cepillo de botellas**

  Si bien esto no es una necesidad, hará que lavar sus botellas sea mucho más fácil.

- **Lavadora de**

  botellas Esto se une a su grifo, va dentro de la botella y rocía agua por todo el interior de la botella, lo que facilita la limpieza.

- **Tapas de**

  botellas Necesitará alrededor de 50 tapas para 5 galones de cerveza, que se pueden comprar en una tienda de suministros caseros.

- **Tapabocar**
  botella Este pequeño dispositivo práctico se puede mantener con ambas manos o también
  hay uno que se monta en su mesa y solo requiere una mano.

- **Solución esterilizante**
  Esta es una necesidad para mantener su equipo estéril para prevenir bacterias y riesgo de
  infección. Algunas personas usan lejía doméstica sin aroma.

- **Embudo**
  Necesitarás esto cuando viertas tu cerveza de la olla (hervidor de cerveza) en la bombona.

- **Bolsa Sparge**
  Estos se utilizan cuando se empapa los granos especiales o el lúpulo en la olla cervecera.
  Vienen en nylon reutilizable o bolsas desechables.

- **Trasiego de caña**
  Este tubo de plástico duro se utiliza para transferir la cerveza desde el fermentador al
  cubo de embotellado. Tiene una curva en el extremo y una tapa especial para permitir que
  la cerveza fluya a través del otro extremo. Ayuda a minimizar la cantidad de sedimento
  que fluye a través.

- **Tubo de**
  embotellado Este tubo de plástico duro tiene una punta con resorte que permite que la
  cerveza fluya cuando se presiona en la parte inferior de la botella de cerveza.

- **Cubo de**
  embotellado Este está hecho de plástico de grado alimenticio y tiene una espiga en la
  parte inferior para su conveniencia. Los azúcares de cebado se ponen en estos antes del
  embotellado, por lo que a veces se les llama recipientes de cebado.

- **Enfriador de**
  mosto No tienes que tener estos, pero harán que el mosto se enfríe mucho más rápido.
  Vienen en diferentes tamaños y estilos. Muchas personas hacen su propio con un
  doblador de tubos y tubos de cobre.

8 KITS DE ELABORACIÓN DE CERVEZA CASERA

Ahora que ha leído la lista de todos los posibles suministros de cerveza casera que puede necesitar para comenzar, probablemente se esté preguntando por dónde comenzar. A menos que el dinero no sea una preocupación, no querrás salir corriendo y comprar todos los nuevos suministros enumerados en el Capítulo 7.

La cantidad que elija para comenzar es una cuestión de elección personal. Puedes comprar todo en la lista, pero si encuentras que la elaboración casera no es algo con lo que te vayas a quedar, habrás invertido mucho dinero por nada. Hay otras maneras de comenzar con sus equipos sin gastar tanto dinero. Una de sus opciones es comprar un kit de elaboración casera.

KITS DE FABRICACIÓN DE CERVEZA

Encontrará muchas marcas diferentes de kits de fabricación de cerveza en el mercado. Los precios pueden variar tan bajo como $20 o tan alto como $200 y más. Si recién está comenzando con el pasatiempo de la elaboración de cerveza casera, un kit de elaboración de cerveza casera va a ser la opción menos costosa. Es posible que no tenga todos los suministros que tendría si los comprara todos individualmente, pero tendrá lo suficiente para comenzar. Siempre puede ampliar su inventario más adelante.

Un verdadero kit de fabricación de cerveza popular, The Beer Machine, puede ser tuyo por menos de $100 y tiene todo lo que necesitas para comenzar a hacer cerveza. Esta mini cervecería en casa está hecha con un diseño robusto y una construcción completa con un manómetro personalizado que le indica el nivel de carbonatación, la calidad de la cerveza y la presión de dispensación. Tendrás cerveza de gran sabor y alta calidad en 7 a 10 días. El sistema de elaboración de cerveza autorregulado mantiene la carbonatación natural e incluye un sistema auxiliar de carbonatación de CO2, lo que le permite tener cerveza "de barril", tal como le gusta en público.

El sistema de carbonatación le permite controlar la presión utilizada para dispensar su cerveza tendrá la "cabeza" perfecta y sabor fresco durante un hasta seis meses. Incluyendo con The Beer Machine es la mezcla de cerveza, que se mezcla con agua para darle 2.6 galones de cerveza de gran sabor. También obtendrás manijas estilo pub, que puedes personalizar. La máquina de cerveza es de tamaño compacto, por lo que no ocupará mucho espacio en el estante de su refrigerador. Este es probablemente uno de los kits de fabricación de cerveza más simples que encontrarás y genial para un kit de inicio.

Otros kits de fabricación de cerveza más extensos también están disponibles. Homebrewers Outpost hace bastantes kits de cerveza casera diferentes. Por menos de $100, puedes obtener un kit de inicio completo para hacer cerveza que incluye todo el equipo básico de elaboración de cerveza que necesitarás.

Con este kit, puedes hacer 5 galones de cualquier tipo de cerveza que elijas. Las instrucciones y recetas paso a paso vienen con este kit junto con muchos de los suministros, incluidos el cubo de fermentación, el cubo de embotellado con espiga, el hidrómetro, el termómetro, el taponador de botellas, las tapas de botellas, el desinfectante, la unidad de sifón y más. Lo único que este kit no incluye son las botellas y un hervidor de agua grande.

Si realmente desea ampliar su inventario de equipos de fabricación de cerveza, puede comprar kits de inicio para hacer cerveza que tienen otros accesorios como un enfriador de mosto, un paquete de embotellado de lujo, un fermentador secundario, un paquete de kegging de lujo e ingredientes adicionales para la fabricación de cerveza.

El paquete de kegging funciona muy bien para aquellos que no quieren el alboroto y el lío de embotellar toda su cerveza en botellas individuales. De esta manera, siempre tendrás cerveza de barril, de la manera en que más la disfrutas.

Estos son sólo un par de kits disponibles. Hay muchos más disponibles en el mercado. Tómese su tiempo, mire a su alrededor y no tenga miedo de hacer preguntas. Los kits de fabricación de cerveza son geniales porque te dan todas las necesidades que necesitarás para comenzar, junto con las instrucciones.

Es como una persona sin experiencia en hornear tratando de decidir comprar una mezcla completa de pastel o hornear un pastel desde cero de una receta en su libro de cocina. Ambos son relativamente fáciles, pero la mezcla de pasteles va a ser mucho más rápida, más fácil y hacer menos de un lío.

Los kits de fabricación de cerveza se pueden comprar relativamente baratos. Lo único de lo que algunas personas se quejaban era que eventualmente querían ampliar su inventario más tarde y eso hizo que sus kits fueran inutilizables para ellos. Si no vas a hacer mucha cerveza, los kits pueden ser tu mejor opción. Sin embargo, si desea hacer cerveza regularmente, es mejor que invierta en los suministros individuales. Al leer la lista de cosas que necesitará, es posible que ya tenga muchas de ellas en su casa o tienda, lo que le ahorrará dinero.

USO DE INTERNET PARA OBTENER AYUDA

Usted se sorprenderá de las muchas páginas web y foros de fabricación de cerveza que encontrará en línea. Usted puede considerar la compra de equipos de fabricación de cerveza usada. Usted puede encontrar algunas grandes compras en buen equipo usado que la gente ya no quiere. Definitivamente quieres echar un vistazo a algunos de estos lugares antes de hacer cualquier compra grande. ¿Por qué pagar el precio completo en equipos nuevos cuando se puede obtener un buen equipo usado por una fracción del costo?

Los foros de elaboración de cerveza son un gran lugar para discutir su fabricación de cerveza con otros que disfrutan de la misma afición. Puede intercambiar consejos y aprender nuevas ideas, mientras busca algunos de los equipos que pueda necesitar. También encontrará algunas recetas nuevas de los muchos miembros aquí. Si tiene una tienda de suministro de cerveza casera en su área, llevarán nuevos equipos, pero también pueden tener algunos excelentes equipos usados a un buen precio. Este también es un buen lugar para obtener ayuda o consejos sobre cualquier cosa de la que no estés seguro. Ya sea que decida comprar el equipo poco a poco, todo a la vez o ir con un kit, tómese su tiempo y busque el mejor equipo para lo que necesita.

9 PROCESO DE ELABORACIÓN CASERA

Ahora que has aprendido todo lo que necesitas aprender sobre la cerveza casera, estás listo para comenzar. La elaboración casera consta de 5 pasos:

- ✓ Elaboración de la cerveza
- ✓ Enfriamiento y Fermentación
- ✓ Cebado y Embotellado
- ✓ envejecimiento
- ✓ potable

Estas instrucciones son para 5 galones de cerveza casera, así como la elaboración básica de cerveza casera. Es posible que deba hacer algunos cambios leves en el proceso dependiendo del equipo que esté utilizando, como un kit o el tipo de cerveza que esté haciendo.

Y FINALMENTE... OBTENER ELABORACIÓN DE CERVEZA!

Lo primero que quieres hacer es esterilizar todo. No solo lavar, sino también esterilizar. Es posible que las bacterias no se vean, pero aún pueden estar allí y arruinar todo su lote de cerveza. Las tiendas de suministro de cerveza casera venden desinfectantes o puede usar lejía. Haga una mezcla de 5 galones de agua fría por cada 2 onzas de lejía *sin aroma,* usando su fregadero o una bañera grande.

Desinfecte su carboy primero (si tiene uno), seguido por el otro equipo. Las cosas que caben en su fregadero pueden remojar durante 10 minutos y luego enjuagarlas a fondo.

PREPARACIÓN DEL MOSTO

Ponga aproximadamente 1 1/2 galón de agua fría en su hervidor de cerveza grande. Si la receta que está utilizando utiliza granos especiales, colóquelos en una bolsa de gorrión y permita que se empape en el hervidor de agua y encienda el quemador. Cuando llegue al punto en el que casi va a hervir, saque la bolsa de sparge.

Añadir el extracto de malta en el hervidor de agua y llevarlo a ebullición de nuevo. Déjalo hervir durante 20 minutos, asegurándose de que no hierva. Asegúrese de remover la mezcla de inmediato y consistentemente para que la malta no se pegue al fondo de la sartén y se queme.

ADICIÓN DE LOS SALTOS

Ponga la cantidad requerida de lúpulos amargores en un sparge hacia atrás y empinado durante al menos 30 minutos. No lo retire antes de 30 minutos, ya que necesita mucho tiempo para que todos los aceites se extraigan del lúpulo. Si su receta de cerveza pide lúpulo de acabado (que son opcionales), colócalo en otra bolsa de sparge y empinado durante 1 a 10 minutos. Si buscas aroma, solo unos 2 minutos, pero si es sabor que te preocupa, entonces 10 minutos. Apague el calor, tome el mosto del quemador caliente y coloque la cubierta en la olla de elaboración de cerveza.

ENFRIAR EL MOSTO

Si tienes un fermentador (carboy de vidrio), llénalo medio lleno con agua fría. Si usted tiene un enfriador de mosto, puede utilizar esto para enfriar el mosto. Si no es así, llene un baño de agua helada (agua con hielo) para sentar la olla de elaboración de cerveza para que pueda enfriarse. Es posible que deba drenar el agua helada y rellenar con hielo. Si no tienes un enfriador de mosto, ¡te gustaría haberlo hecho!

PREPARACIÓN (PRUEBA) DE LA LEVADURA

Mientras su mosto se está enfriando, puede preparar la levadura. Obtenga una taza de medición esterilizada y agregue 6 onzas de agua tibia del grifo. Añadir la levadura seca a esto, cubrir y dejar a un lado por un poco. El agua tibia ayuda a activar la levadura.

EL FERMENTADOR

Si la olla de elaboración de cerveza con el mosto se ha enfriado hasta donde casi se puede tocar, use un embudo grande para mover el mosto a la bombona de vidrio (fermentador). Puede usar una pequeña olla **esterilizada** en lugar de un embudo. Llene el fermentador con agua fría hasta que tenga 5 galones (debe haber una marca de 5 galones). Para que la levadura funcione correctamente, necesita oxígeno, que se elimina de la ebullición.

Para rejuvenecerlo con oxígeno, salpica el agua cuando la esté vertiendo y agite el fermentador de vez en cuando. Preste atención a la temperatura, que debe estar por debajo de 75 grados Fahrenheit. **NO** ponga la levadura en el mosto hasta que la temperatura esté por debajo de los 75 grados o pueda morir. Es posible que desee tomar una lectura con su hidrómetro en este momento para comprobar la gravedad específica.

ADJUNTAR TUBERÍA

Coloque el fermentador en algún lugar donde se mantenga fresco, estable y fuera de la luz solar directa. Consigue un recipiente grande y resistente y llénalo medio lleno de agua. Colómoslo junto al fermentador. Obtenga tubos esterilizados con un diámetro exterior de 1 1/2 ". Poner un extremo en el fermentador y el otro extremo en el recipiente de agua, haciendo un sello hermético. Esto se convierte en un tubo de soplado, que permitirá que cualquier exceso de espuma se escape mientras se lleva a cabo la fermentación inicial.

El primer par de días, realmente verás que la levadura va a trabajar ya que el exceso de espuma saldrá de la parte superior junto con el aire burbujeando desde el contenedor.

A algunas personas realmente les encanta ver este proceso, sabiendo que su cerveza se está haciendo. El tubo debe permanecer bajo el agua para mantener el sello hermético. Puede quitar el tubo de soplado después de 3 días y poner en el tapón esterilizado y la cerradura de aire. Asegúrese de agregar aproximadamente 3/4 "de agua a la cerradura de aire o no funcionará. Sabrás que la bolsa de aire está en su lugar de forma segura y tiene un buen sello si tu mezcla comienza a burbujear. Esto es del escape de dióxido de carbono.

MÁS ESPERANDO...

Después de haber puesto en la cerradura de aire, la cerveza tendrá que fermentar hasta que la levadura is hecho, que por lo general toma de hasta 514 días. Estará listo para el embotellado cuando la cerradura de aire ya no esté burbujeando. Una lectura del hidrómetro le dirá si la fermentación está completa. ¡Ya estás listo para embotellar!

PASOS DE EMBOTELLADO

Una vez más, es necesario esterilizar todo, incluyendo

- cubo de embotellado,
- manguera
- tubo de embotellado,
- estantería de caña,
- botellas

Las botellas deben limpiarse a fondo antes de esterilizarlas. No esterilice las tapas. Ponlos en una cacerola pequeña con suficiente agua para cubrirlos. Hervir cubiertos durante cinco minutos, escurrirlos y cubrirlos de nuevo hasta que sean necesarios.

Añadir 3/4 Taza de dextrosa (azúcar de cebado) en otra sartén con 16 onzas de agua y hervir durante 5 minutos, cubrir y quitar la estufa.

TRANSFERENCIA DE CERVEZA

Ahora vas a transferir tu cerveza del fermentador al cubo de embotellado. Con el fermentador en una mesa, saque la esclusa de aire y coloque la caña de trasiego para que esté aproximadamente una pulgada por encima del sedimento de levadura. Coloque el tubo de embotellado y la azada de plástico entre sí y llene la manguera con agua. Coloque la manguera llena de agua a la caña de trasiego y deje a un lado por el momento. Coloque el cubo de embotellado justo debajo del fermentador en el suelo y vierta la dextrosa hervida en el cubo. Coloque el tubo de embotellado en la parte inferior del cubo y comience el proceso de sifón. Trate de salpicar lo menos posible a medida que transfiere la cerveza.

EMBOTELLADO DE LA CERVEZA... POR ÚLTIMO

Ponga el cubo de embotellado sobre la mesa. Tome la manguera de la caña de trasiego y conéctelo a la espiga en el cubo. Tendrás que usar un basculante y un segundo sifón si no tienes una espiga.

Coloque una botella vacía en el suelo debajo del cubo de embotellado. Abra la espiga y coloque el tubo de embotellado en la botella, presionando hacia abajo en el tubo para que la cerveza se mueva. Llene la botella hasta la parte superior. Cuando la botella esté llena, saque el tubo. La cerveza caerá alrededor de una pulgada. Haz esto en todas las botellas hasta que estén llenas.

CAPSULAR

Usted necesita estar en una superficie estable para esto, por lo que es posible que desee permanecer en el suelo. Con el taponador de botellas y una tapa, ponga una tapa en la botella. Tire de las palancas hacia abajo con una presión constante, asegurándose de que la tapa sigue recto. Engarce la tapa y asegúrese de que el sello sea bueno. Haga esto para todas las botellas.

¡YA ESTÁ!

Todo lo que le queda por hacer es limpiar su desorden. Guarde su cerveza en un lugar con una temperatura fresca y constante entre 65 a 70 grados. ¡Déjalo listo durante aproximadamente 2 semanas y prepárate para probar la mejor cerveza que hayas probado!

RECETAS

Las siguientes son dos recetas populares de cerveza casera que son fáciles de seguir una vez que obtiene los ingredientes. Son perfectos para un suministro de 5 galones. Puede modificarlos a sus propios gustos personales a medida que experimenta.

VINO DE CEBADA

4 a 4 1/2 **Galena**onzas, Eroica o Chinook lúpulo amargo
10 a 12 libras de extracto de malta ligera
1 onza de cascade y **Willamette** hops (acabado)
levadura cervecera de su elección (muchos usan Wyeast)

OKTOBERFEST

Grano especial de malta de cristal de 1/2 libra
6 a 7 libras de malta ámbar (este es un extracto)
Malta de chocolate de 1/4 de lb. (este será un grano especial)
1/2 lb. Cara-Malta pils Munich (este es un grano de especialidad)
1 1/2 a 2 onzas Saaz, Hallertauer o lúpulos Tettnanger (esto será lúpulo amargo)
1/2 onza Saaz, Hallertauer o Tettnanger saltos (este es el acabado de saltos)
Wyeast o levadura cervecera de su elección

Algunos de estos productos pueden parecer desconocidos para usted, pero su tienda de suministro de cerveza casera debe llevar todos ellos y más. Las recetas son muy simples y harán una variedad de cerveza de sabor diferente. Una vez que te metes en serio en la elaboración casera de cerveza y otras bebidas, encontrarás que hay muchas recetas que se pueden encontrar. No hay nada más interesante que experimentar con diferentes productos para un sabor único. Su biblioteca local tendrá muchos libros informativos sobre la elaboración casera, así como recetas fáciles de seguir. Internet es también una gran cantidad de información con sus muchos artículos y foros de elaboración de cerveza.

No hay nada mejor cuando tomas un nuevo pasatiempo que ser capaz de compartir tu pasatiempo con otros que tienen el mismo entusiasmo. Puede discutir las recetas que cada uno ha probado, intercambiar consejos útiles sobre el dinero y las técnicas de ahorro de tiempo que puede haber aprendido. Si estás considerando participar en competiciones de elaboración casera de aficionados, serán más divertidas si conoces a algunos de los participantes.

10 EL PRODUCTO TERMINADO

Una vez que haya terminado de hacer su cerveza, todo lo que tiene que hacer es esperar la cantidad correcta de tiempo hasta que finalmente pueda probarla. Aunque cada fabricante de cerveza jura que su cerveza casera es la mejor que han probado, puede parecerle extraño en la primera muestra. Después de todo, has estado bebiendo cerveza elaborada comercialmente durante años y esto es un cambio. Una vez que hayas tenido algunas de tus cervezas, nunca querrás volver a la cerveza comprada en la tienda.

Cuando vierte su primera cerveza en un vaso, encontrará un pequeño sedimento en el fondo de la botella. No querrás beber esto, aunque no te hará daño. Tu cerveza fresca tendrá un gran sabor cuando abras tu primera botella. Su cerveza se puede almacenar en su refrigerador durante mucho tiempo; aunque puede que no dure tanto tiempo una vez que todo el mundo tiene un sabor.

La parte más divertida de elaborar su propia cerveza es experimentar con diferentes ingredientes para aumentar el contenido de alcohol o darle un pizzazz extra. Por ejemplo, muchas personas hacen una cerveza casera con jarabe de arce y juran que es la mejor que han hecho. Una vez que haya dominado la fabricación de la cerveza de degustación perfecta, es posible que desee experimentar con la elaboración de vinos, que es igual de divertido.

PREGUNTAS FRECUENTES SOBRE CERVEZA CASERA

- **La mayoría de las recetas dicen que la elaboración casera toma un par de semanas. ¿Tiene que llevar tanto tiempo?**
  Si bien puede encontrar algunas recetas que toman un poco menos de tiempo, la mayoría de las cervezas caseras necesitan este tiempo para fermentary envejecer. Novale la pena la espera.

- **¿Realmente necesito todo el equipo que dicen que tengo que tener?**
  No necesitarás todos los pequeños artículos, aunque muchos de ellos son para tu conveniencia. Sin embargo, algunos de los artículos que ya tiene en su cocina o garaje pueden funcionar muy bien.

- **¿Es realmente necesaria la esterilización?**
  ¡Por supuesto! Las bacterias en su cerveza no solo pueden hacer que un lote entero tenga que ser desechado, sino que también puede enfermarlo.

- **¿Es segura la elaboración de cerveza casera?**
  La elaboración de cerveza casera es perfectamente segura, además de ser divertida. La única vez que

-

- puede tener un problema es si las bacterias encuentran su camino en su cerveza. La esterilización adecuada eliminará este problema.

- **Algunas de mis botellas explotaron. ¿Hice algo mal o las botellas fueron malas?**
  Cuando las botellas explotan, se llenan demasiado alto o había demasiada dextrosa (azúcar) puesta en su cerveza. Las botellas deben llenarse solo a la mitad del cuello. Si no esperó el tiempo requerido antes de embotellar la cerveza, es posible que el azúcar no haya tenido tiempo de descomponer el alcohol, lo que puede hacer que exploten.

- **¿Por qué mi cerveza tiene un sabor amargo?**
  Todo el mundo tiene diferentes papilas gustativas, pero usted puede tratar de poner menos lúpulo en su cerveza la próxima vez que lo haga.

- **¿Debo usar extracto de malta o granos especiales cuando hago mi cerveza?**
  El uso de granos es un poco más complicado que el uso de extractos de malta. El extracto de malta es un polvo o jarabe que está hecho de granos. Si eres un principiante en la fabricación de tu propia cerveza, es mejor que te quedes con extracto de malta hasta que realmente te des cuenta de experimentar con la elaboración de cerveza casera. Algunas de las mejores cervezas del mundo están hechas con extracto de malta.

- **Esta es la primera vez que estoy haciendo mi propia cerveza. He leído todo lo que he podido para aprender el proceso. Quiero intentar hacer cerveza, pero no quiero gastar mucho dinero solo para empezar. ¿Debo comprar todo el equipo requerido o simplemente comprar el kit?**
  Aunque tener todo el equipo requerido será conveniente para usted en el futuro, todos los artículos pueden parecer abrumadores por primera vez cervecero casero. Es posible que desee comprar el kit para su primera aventura de fabricación de cerveza. La ventaja de usar un kit de cerveza casera es que hay menos artículos de los que preocuparse, tienes todo lo que necesitas y hay instrucciones fáciles de seguir. Lo que muchos disfrutan de los kits es que las recetas que incluyen se basan en sus kits, por lo que no tiene que alterar ninguna dirección.

- **¿Cómo sé cuál es el mejor lugar para comprar mis suministros y equipos?**
  Una vez que hayas hecho tu primer lote de cerveza, sabrás un poco más sobre lo que implica y lo que necesitas. Compre en su área local, así como en línea. La mejor manera de obtener el mejor equipo para su dinero es investigar lo que necesita y encontrar el mejor precio.

<u>ARTÍCULOS</u>

Aquí hay artículos cortos dados como "alimento para el pensamiento".

UNA SOCIEDAD CERVECERA

Una de las razones por las que el pasatiempo de la elaboración casera es tan popular es que no solo estás tomando un pasatiempo, sino que te estás convirtiendo en parte de una sociedad estrechamente unida de elaboración casera que tiene su propia cultura, idioma y estructura social que es exclusiva de los cerveceros.

Por supuesto, el aspecto social de beber cerveza es bien conocido. La infraestructura de pubs y bares que ofrece a los clientes un lugar de confort, amistad, diversión y relajación se trata de mucho más que simplemente inclinar una deliciosa bebida. Es una parte de nuestro tejido social que se remonta a tiempos revolucionarios cuando nuestros documentos más importantes se desmenuzaban sobre una cerveza. Y la importancia de compartir una cerveza es tan poderosa hoy como todos disfrutamos pensando en ese bar donde "todo el mundo sabe tu nombre" llamado Cheers.

Así como el aspecto social de disfrutar de una cerveza con otros es fuerte y está bien arraigado en nuestra cultura, también lo es el arte de hacer cerveza una parte profundamente arraigada de la sociedad que se remonta a generaciones atrás. Esa popularidad tiene resurgimientos regulares y estamos viendo un aumento del interés en la elaboración de cerveza hoy en día, ya que en todo el país los pubs cerveceros están surgiendo alrededor de deliciosas cervezas cultivadas en casa que en muchos casos son mucho mejores que las cervezas producidas en masa que se anuncian fuertemente durante el Super Bowl.

Esta subcultura cervecera bien desarrollada y sofisticada no solo será de gran ayuda para usted a medida que comience a aprender sobre cómo convertirse en un cervecero casero usted mismo, sino que se convertirá en una sociedad de la que es muy divertido ser parte y donde puede hacer amigos de por vida mientras comparte con los demás su amor por hacer su propia cerveza. En Estados Unidos, la subcultura de base de la elaboración casera está creciendo rápidamente. Esta no es una preocupación menor para los grandes cerveceros minoristas que no pueden hacer los tipos de cervezas de calidad y ricas que se pueden hacer a nivel local. Pero esta es una evolución natural a medida que seguimos a nuestros primos en el Reino Unido, donde las cervezas de barril hechas localmente dominan el mundo del consumo de cerveza en una cultura donde los pubs son una parte central del tejido de la sociedad.

Una razón por la que la elaboración casera tiene tal atractivo es la tremenda diversidad de cervezas que puede producir y el control que tiene sobre el sabor, la consistencia y los niveles de alcohol. En la mayoría de los casos, una vez que tenga su equipo básico para elaborar cerveza, es más barato hacer su propia cerveza. Y hay algo satisfactorio en preparar un gran lote de cerveza para volver a fermentar mientras disfrutas de un lote de cinco galones que hiciste el mes pasado. Los cerveceros de cerveza pueden obsesionarse bastante con el sabor, el color y el "ponche" y siempre estar buscando nuevas formas de ser mejores en este pasatiempo divertido e interesante.

Cualquiera que sea el nivel de participación en la elaboración de cerveza que le atraiga, probablemente pueda encontrar nuevos amigos en la sociedad cervecera con los que pueda compartir su pasatiempo. Hay estaciones de radio cerveceras y canales de radioaficionados dedicados a ayudar a los cerveceros aficionados a compartir sus recopies secretos y resolver los problemas de los demás. Y hay concursos de cerveza casera que realmente pueden poner algún desafío que todos ustedes para hacer esa cerveza de cinta azul que hace que los jueces se sienten y tomen nota.

Así que a medida que te encuentras cada vez más entusiasta y "atrapado" en la diversión de la elaboración casera, no te avergüences por eso porque puedes encontrar una variedad diversa de otros entusiastas de la fabricación de cerveza con los que compartir tu pasatiempo. Así que diviértete, haz amigos, haz buena cerveza y sobre todo, comparte tu cerveza y tus conocimientos con los demás. Porque la cerveza es algo más que una buena bebida. Se trata de buenos momentos con buena gente también.

UN POCO DE DIVERSIÓN DE ELABORACIÓN DE CERVEZA CASERA PARA LOS NIÑOS

En cualquier familia cuando una persona se entusiasma con algo nuevo, todo el mundo se mete en el acto. Y eso es ciertamente cierto en el caso de los niños. Les encanta ser activos en cualquier pasatiempo de los que mamá y papá aman ser parte. Así que si juegas al bowl, los niños quieren ir a jugar a los videojuegos. Si te gusta Shakespeare en el parque, los niños irán a jugar en el suelo cercano. Así que si puedes encontrar una manera de darles a los niños una parte de lo que estás haciendo, eso mantiene a la familia unida.

Eso puede parecer difícil con un pasatiempo como la elaboración casera. Después de todo, el proceso de elaboración de la cerveza es bastante complicado y hay agua hirviendo e instrumentos estériles para pensar. Ese tipo de cosas realmente no es divertido para los niños. Así que si usted puede encontrar una manera de hacer una "cerveza" sólo para ellos, entonces ellos también pueden disfrutar de la emoción y sentirse parte de lo que los adultos están haciendo.

Una manera de llenar esta necesidad es preparar un delicioso lote de cerveza de jengibre para los niños. ¡Y a los bebedores de bebidas no alcohólicas de la familia también les encantará! Por supuesto, la cerveza de jengibre no es una verdadera "cerveza" en el sentido de una cerveza alcohólica, aunque se puede mezclar con cerveza para un delicioso y muy británico. Pero es tan fácil de hacer que los niños puedan involucrarse y les encantará la bebida que resulta casi tanto como mamá y papá aman su cerveza casera.

Es una buena cosa tener los procedimientos, herramientas e ingredientes para su cerveza de jengibre todo listo para ir en el día de la cerveza porque es una gran sorpresa para los niños para hacerles saber que van a llegar a hacer su propia cerveza también! Debido a que los pasos para hacer cerveza de jengibre son rápidos, fáciles e inofensivos, los niños pueden tener una bola haciéndolo usando una receta muy simple e incluso si lo beben todo, es lo suficientemente fácil como para preparar otro lote.

Los ingredientes para la cerveza de jengibre no son exóticos y se pueden encontrar en cualquier tienda de comestibles. Incluyen...

- Prepárate con 8 botellas de plástico que sostendrán una pinta y 4 botellas que sostendrán un cuarto de galón y algunos cuencos para mezclar la cerveza de jengibre.
- Jengibre - se puede obtener fresco en las tiendas de comestibles más grandes. Dos ouches es suficiente.
- Crema de sarro - alrededor de una cucharadita hará.
- Dos limones en rodajas.
- Una libra de azúcar
- Una onza de levadura
- Hervir un galón de agua.

Ahora solo es cuestión de juntarlo todo. Cortar los limones en anillos de gran tamaño y combinarlos en un tazón grande con los otros ingredientes. La única otra preparación que debe hacer además de hervir el agua es aplastar el jengibre para que se mezcle con el agua y otras partes de la cerveza.

Ahora sólo tiene que enfriar la mezcla a temperatura ambiente y añadir la levadura. Póngalo en las botellas más grandes para dejarlo fermentar durante un par de días. Una vez hecho esto, descreme el residuo en la parte superior y su té de jengibre está listo para disfrutar.

UN PASATIEMPO PERFECTO PARA ESE TIPO QUE AMA LA CERVEZA

Si el hombre en su vida está pensando en entrar en la elaboración de cerveza porque le encanta beber diferentes cervezas, hay algunas razones sólidas para fomentar ese entusiasmo. Su primer reflejo podría ser que ya tiene un amor por la cerveza y que hacer la suya propia es ir más arriba. Pero en verdad, hacer el movimiento hacia la elaboración casera tiene mucho a su favor y es un enfoque muy creativo y productivo para el amor por las cervezas finas.

Hay una diferencia entre un verdadero amante de la cerveza como una buena bebida y el promedio "devorador de cerveza". La cerveza en realidad tiene una rica historia y la diversidad de sabores, texturas y mezclas de cervezas es casi tan fuerte como la cultura del vino que sabemos que es una en la que los verdaderos conocedores saben lo que es un buen vino. Así que el movimiento hacia la fabricación de cerveza se identifica con ese lado de la cultura de la cerveza que busca lo mejor en sabores en la cerveza y busca convertirse en parte de la forma en que se hace una cerveza muy buena en lugar de simplemente ser un consumidor.

Al alentar a su conocedor de la cerveza a desarrollar esta nueva pasión por la fabricación de cerveza, está enfatizando el lado noble y creativo de su amor por la buena cerveza. Y las nuevas conexiones sociales que los fabricantes de cerveza novatos encuentran en las tiendas minoristas de elaboración de cerveza y las sociedades locales dedicadas a este pasatiempo lo ayudarán a educarse de la mejor manera de hacer una cerveza verdaderamente fina en casa. Una vez que ese pasatiempo a la elaboración de cerveza en casa despega, la pasión por hacer cerveza se vuelve más acerca de mejorar la calidad y el sabor de la cerveza que hace, incluso más que simplemente beber una cerveza que usted mismo hizo. Y esa es una forma productiva y creativa de acercarse a su pasión por la cerveza.

Junto con el lado creativo de la fabricación de cerveza, si comienzas a producir tu propia cerveza en casa, hay algunos beneficios económicos. Como todo lo demás, los precios de la cerveza están subiendo. Pero los costos de hacer un lote de cerveza en casa son fenomenalmente bajos si lo desglosas a un costo por vaso. Ahora hay equipo para comprar por adelantado. Pero es un mito que prepararse para hacer cerveza en casa cuesta un brazo y una pierna. No tiene que establecer una cervecería en la escala que puede haber visto cuando visitó la fábrica de cerveza en St. Louis el verano pasado. Hay kits de cerveza que le brindan todo el equipo básico que necesitará y, por lo general, puede tener una fábrica de producción de cerveza en casa en casa por menos de $200. Y cuando consideras que puedes hacer muchos galones de cerveza de gran sabor con esa misma configuración, esa es una inversión bastante inteligente.

No está descartado que si su chico amante de la cerveza desarrolla sus habilidades como Brewmeister, puede encontrar un mercado para vender la cerveza que hace. Hay un montón de cervecerías que se especializan en cervezas caseras de calidad. Así que si él puede desarrollar un sabor único y la receta que se puede replicar de manera consistente, usted puede ser capaz de embotellarlo y venderlo en los pubs locales. Si esa cerveza obtiene cierta popularidad con la popularidad local de beber cerveza, es posible que pueda recuperar su inversión en equipos y suministros para hacer cerveza e incluso obtener un buen beneficio de un gran pasatiempo.

Todas estas son buenas razones para que usted fomente esa fascinación con la forma de hacer cerveza en casa en su ser querido. Y si saltas en los pies primero y te conviertes en un fabricante de cerveza tú mismo, este nuevo pasatiempo puede convertirse en un asunto familiar y una maravillosa manera de compartir la diversión juntos. Y quién sabe, ¡incluso puede llegar a ser un poco conocedor de la cerveza!

CONFIGURACIÓN PARA HACER CERVEZA

La afición de elaborar su propia cerveza en casa está creciendo constantemente a medida que más personas descubren lo divertido que pueden tener haciendo su cerveza en casa y lo grande que puede ser la cerveza absolutamente fresca. Puede que no haya un momento más gratificante para un cervecero casero que servir su propia cerveza fresca a sus invitados helados en sus tazas de cerveza favoritas y escuchar el delirio de que su cerveza es tan buena como la cerveza comprada en la tienda que más les gusta o tal vez incluso mejor!

Parte de la razón de la enorme popularidad es que configurarse para hacer cerveza y encontrar buenos suministros y equipos no es difícil ni demasiado caro. Puede encontrar o crear el equipo con bastante facilidad o obtener un descuento de otros que se han retirado del negocio cervecero. Y en este momento probablemente haya una tienda de elaboración de cerveza casera en su ciudad lista y capaz de proporcionarle los ingredientes, así como libros de instrucciones y recetas para todo tipo de cervezas de degustación maravillosas que puede hacer en casa. Y con la explosión de sitios web, libros electrónicos y artículos en Internet sobre la elaboración de cerveza casera, toda la ayuda que podría pedir está a su alcance para ayudarlo a comenzar.

La razón por la que diferentes personas entran en la elaboración de cerveza casera varía. A algunos les encanta el aspecto social al unirse a una gran comunidad local e internacional de cerveceros. Otra razón es que es muy divertido ensamblar el equipo, aprender las recetas y dar una puñalada en la fabricación de su propio lote de cerveza sabrosa cultivada en casa. Incluso si "chapuzas" un lote de cerveza, todo está en el espíritu de aprendizaje y simplemente te impulsa a aprender de tus errores para hacer una cerveza aún mejor la próxima vez.

Una tercera gran razón es que tienes mucho más control sobre tu cerveza cuando la elaboras tú mismo. Debido a que no está tratando con una cerveza que se produce en masa y se envía desde cientos de millas de distancia, puede controlar el sabor, la consistencia e incluso el nivel de alcohol para hacer que su cerveza sea tan fuerte o suave como desee que sea. Y puede hacer cambios con cada lote con variaciones prácticamente infinitas en las recetas que están disponibles para la comunidad cervecera casera.

Los suministros que necesitará para comenzar son fáciles de encontrar y tampoco son muy caros. Probablemente la mejor manera de tener una idea de cuál es el mejor equipo y quiénes son los proveedores a favor vendría de convertirse en un habitual en los clubes de elaboración de cerveza en casa y reuniones y hacer algunos amigos allí. Si usted hace bien sabido que usted es un "nuevo recluta" y necesita un poco de tutoría en la forma de configurarse, usted se verá abrumado con ofertas para que usted se siente en una sesión de elaboración de cerveza o dos para tener una idea del proceso. Si aprovechas su celo para ayudarte a empezar, estarás muy por delante en el juego cuando vayas a comprar las cosas que necesitas para prepararte para hacer tu propia cerveza en casa.

El equipo que necesitará prácticamente solo se utiliza para elaborar cerveza, por lo que tendrá que pensar en el almacenamiento. La olla para hervir su mosto inicial y el equipo para manejar la cerveza, filtrarla y fermentarla están hechas en tamaños y a precios para alentar los mercados de elaboración de cerveza casera. Puede encontrarlos a precios de venta al por menor en su punto de venta de cerveza casera en la ciudad. Puedes usar internet y comprar tiendas de segunda mano para obtener mejores precios. Pero a muchos les gusta patrocinar la tienda de elaboración de cerveza casera que los ayudó a comenzar solo para asegurarse de que permanezcan en el negocio para seguir vendiéndole excelentes ingredientes frescos.

Ese mismo punto de venta será una buena fuente para los granos, levaduras y lúpulo que necesita para la producción real de cerveza. La frescura es la clave, así que comunícate con la dirección de la tienda para aprender de lo frescas que son esas cosas. Al igual que con el equipo, puede comprar estas cosas en Internet y eso está bien. Pero conozca a su proveedor sea quien sea que use y asegúrese de que está seguro de que está recibiendo materiales de la más alta calidad para hacer su cerveza casera. Marcará una gran diferencia.

OBTENER ESE PRIMER LOTE DE CERVEZA CERVECERA

La cerveza es una bebida tan popular porque tiene un sabor terroso tan profundo y porque la variedad de sabores, marcas, colores y texturas de las cervezas es tan diversa que puedes explorar una nueva cerveza cada vez que quieras una cerveza y nunca aburrirte. Y, sin embargo, la mayoría de nosotros prácticamente nos conformamos con un sabor y nos quedamos con él. Eso es hasta que descubrimos los pubs cerveceros. Es entonces cuando se nos abren los ojos a la idea de que no tenemos que depender de Budweiser y Miller para una buena cerveza. Se puede hacer en casa.

Algunas de las mejores cervezas que podrías esperar probar no se hacen en las grandes fábricas comerciales, sino en pequeños pubs cerveceros de todo el país. Así que si ha descubierto algunas cervezas caseras particularmente sabrosas, no pasa mucho tiempo antes de que pueda decidirse a dar una puñalada en la elaboración de un lote usted mismo. Tenga cuidado porque una vez que comience a experimentar con la elaboración de su propia cerveza, puede engancharse a un pasatiempo adictivo que proporcionará horas de diversión a medida que juega con sus recetas, obtener nuevos y mejores equipos y convertirse en un verdadero experto en cerveza en la elaboración de sus propias mezclas personalizadas para la mejor cerveza con sabor.

Pero todo comienza con ese primer lote. Podrías acercarte a ese momento en el que decidas hacer tu primer lote de cerveza con algo de miedo y temblor. Pero mantén tu espíritu de aventura y experimentación porque, después de todo, si compraste un buen equipo, lo conseguirás. Como decía el sabio, que el viaje de cien kilómetros comienza con el primer paso. Así también su viaje hacia convertirse en un maestro cervecero comienza con su primer lote.

El proceso de elaboración de ese primer lote es bastante simple en realidad. Estos son los pasos a seguir para poner en marcha su primera cerveza.

.   Reúna los ingredientes para tenerlos a mano a medida que avanza en el proceso de elaboración de la cerveza. Usted no ' quiere tener que parar e ir a desenterrar algo para que estén listos para ir cuando se agregan en como el proceso de elaboración de la cerveza está en marcha.

- Todo comienza con el agua. Un galón de buena agua servirá. No se necesita agua especial, ya que el agua del grifo en la mayoría de las áreas del país funciona bien debido a una buena combinación de minerales que en realidad hace que la cerveza sepa mejor. Así que obtenga un galón de agua hirviendo en una olla grande capaz de contener 2-3 galones de agua. Necesita ese espacio adicional para agregar ingredientes.
- El primer ingrediente para agregar al agua hirviendo es la levadura de elaboración de cerveza que compró solo para este propósito. La levadura tendrá instrucciones específicas, pero en esencia mezclará la levadura con agua caliente del grifo y la revuelva en una olla o sartén separada hasta que se convierta en una pasta gruesa.
- Puede preparar la levadura mientras el agua hierve y cuando esté lista, agregue la mezcla al agua.
- Una vez que la levadura se mezcle bien, agregue el extracto de malta que compró para este proceso de elaboración de la cerveza. Asegúrese de que la malta se mezcle bien y se disuelva antes de seguir adelante.
- El lúpulo vendrá como pellets cuando los compró al proveedor, así que añádalos cuando el agua esté hirviendo de nuevo y deje que toda la mezcla hierva durante otros cinco minutos.
- Durante este tiempo de preparación, obtenga su equipo de fermentación desinfectante y listo para comenzar. A medida que el proceso de elaboración de la cerveza se acerca a la finalización, llene el fermentador unas tres cuartas partes lleno con agua fría del grifo.
- La cerveza fuerte que ha hervido se llama el "mosto" que ahora está listo para la fermentación. Vierta el mosto caliente en el agua fría en el fermentador. Lo que está buscando es un resultado final de cinco galones de mezcla en el fermentador, así que si no encuentra que está en ese nivel, agregue más agua.

El proceso de elaboración de la cerveza está hecho y se pueden seguir las instrucciones para la fermentación que se proporcionan con el equipo o que se aprende de otros recursos sobre el arte de fermentar la cerveza. Ahora solo es cuestión de dejar que la naturaleza haga lo que hace para fermentar tu cerveza. Disfrute de la anticipación mientras permite que la fermentación continúe y luego disfrute del sabor de su propio primer lote de cerveza casera.

IR A LA FUENTE PARA APRENDER LA ELABORACIÓN DE CERVEZA CASERA

El tiempo entre cuando te das cuenta por primera vez de que podrías comenzar a aprender a preparar tu propia cerveza en casa y cuando realmente le das una puñalada es a menudo largo. Por un lado, se necesita una curva de aprendizaje bastante significativa para incluso comenzar a visualizar que es posible hacer cerveza en casa. Oh, es posible que haya oído hablar de cervecerías caseras, pero pensar en hacerlo en su propio entorno doméstico es un salto de comprensión que toma algún tiempo para pasar.

Internet es a menudo una fuente de información que vamos a empezar a aprender más sobre una nueva área de la vida como la elaboración de cerveza casera. Tal vez así es como encontraste este artículo y eso es bueno. Eso significa que estás con el pie derecho y usando información gratuita de personas que ya han aprendido algunas cosas sobre la elaboración de cerveza en casa para obtener tu orientación a lo que se necesitaría para que aprendas a preparar tu propia cerveza en casa.

Como sucede a menudo con cualquier nueva área de interés, si su fascinación por cómo elaborar cerveza en casa comienza a tener cierto impulso, es una buena manera de iniciar sesión en los principales sitios web de elaboración de cerveza casera y comenzar a orientarse a los métodos, el equipo y el proceso de elaboración de cerveza en casa. Tenga en cuenta que algunos de estos sitios se vuelven muy técnicos y es fácil intimidarse.

Pero si usted puede conseguir una comprensión sobre el equipo y los ingredientes y algunas ideas básicas de cómo iría el proceso si usted fuera el que hace la elaboración de la cerveza, que es un buen comienzo. Debido a que los artículos en línea y los sitios web mezclan el conocimiento experto con la orientación de los recién llegados, si tropieza con una sección de esos sitios que no entiende, simplemente navegue por las páginas que están destinadas a ayudarlo a donde se encuentra y entienda que cuando llegue a ese nivel que esa sofisticación técnica, siempre puede volver a estas páginas. Simplemente construya una buena biblioteca de marcadores porque le servirá bien.

Pero para acelerar el aprendizaje de los detalles reales de lo que es la elaboración de la cerveza, no tienes que depender solo de la lectura o los libros. Debido a que la elaboración de cerveza en su propia casa es más que solo conocimiento de libros, es el manejo de equipos e ingredientes, cuanto más exposición directa pueda obtener al proceso de elaboración de la cerveza, mejor. Pero también es muy probable que haya desarrollado su interés en la elaboración casera mientras disfruta de una buena cerveza en su pub cervecero local. La mayoría de las ciudades tienen pubs cerveceros donde las cervezas caseras se venden en casi todos los sabores, textura de hormiga de color. Muchas veces estos pubs cerveceros crecieron a partir de un pasatiempo a la elaboración de cerveza casera que se hizo cada vez más grande hasta que se convirtió en una empresa y un negocio de hacer dinero

Es por eso que la mayoría de los propietarios de pubs cerveceros están más que felices de dar tours y lecciones sobre la elaboración casera. Esta es probablemente una de las exposiciones más valiosas que puede obtener sobre cómo funciona el proceso de elaboración casera. Al caminar a través de una cervecería donde se hace la cerveza que haces, puedes pasar por el proceso para tener una idea de cómo procederás. Puede ver las ollas hirviendo, cómo se utilizan los coladores y los filtros y fertilizantes y todo lo que se necesita para llevar la cerveza desde las materias primas hasta el estado final de una cerveza fina. De hecho, con un poco de encanto y trabajando gratis, es posible que pueda ser aprendiz en el pub cervecero haciendo cerveza. Este tiempo será tremendamente valioso para ti para ayudarte a aprender las cuerdas de hacer tu propia cerveza.

Combinas este conocimiento práctico con lo que estás aprendiendo en línea y de otras fuentes de capacitación junto con lo que puedes aprender al establecer contactos con otros cerveceros caseros experimentados y tienes una poderosa fuente de conocimiento que te pagará bien cuando comiences a hacer tu cerveza casera tú mismo. Y ese conocimiento resultará en algunas cervezas de gran sabor de su cocina, por lo que se alegrará de que se tomó el tiempo para aprender todo lo que pueda antes de dar el paso.

GRANDES GRANOS PARA UNA GRAN CERVEZA

Una de las grandes razones para aprender a elaborar su propia cerveza es aprender más sobre los diversos granos e ingredientes que hacen que una cerveza sea mejor que otra. Cuando comienzas tu afición a la elaboración casera, sin duda te conectaste con un club local o asociación de cerveceros caseros. Pueden ayudarte a aprender la jerga y cómo saber cuáles son los mejores granos para usar en tu cerveza. Pero antes de ir a la primera reunión, podría acelerar las cosas si supiera lo básico.

El uso de maltas está en el corazón de cómo el grano contribuye a una gran cerveza. La diferencia entre una cerveza ligera que no tiene un sabor a malta pesada y una que prácticamente sabe a una barra de pan se remontan a qué maltas eliges y el proceso que se utiliza durante la malteado y la elaboración de su cerveza. En realidad, hay una gran variedad de granos diferentes que la gente usa comúnmente al elaborar su propia cerveza y es posible que tenga que tomarse un tiempo para preparar algunos lotes usando diferentes granos para ver cuáles capturan cuál es para usted el sabor perfecto de la cerveza que hará que su cerveza casera sea única. Pero entender cómo funciona la malteo es un buen primer paso.

Ahora, como entusiasta de la elaboración de cerveza casera, probablemente no tomará grano a través del proceso de malteación usted mismo. Pero usted debe familiarizarse con cómo funciona la malteado y por qué hay tanta variedad en el resultado del proceso de malteado. De esa manera podrás utilizar ese conocimiento a la hora de comprar las maltas para tu cerveza para que puedas conseguir una malta que te dará el sabor, color e intensidad de cerveza que estás buscando.

El proceso de malteo comienza con el grano a utilizar. Los granos más comunes son la cebada, el trigo o el centeno, pero otros se pueden utilizar de vez en cuando. El grano se utiliza desde la forma de semilla y se empapa y germina, lo que pone en marcha la parte activa del proceso de malteado y elaboración de la cerveza. La germinación, que de tu clase de ciencias de la escuela secundaria sabes que es lo que sucede cuando una semilla brota para convertirse en una planta, libera la energía de la tienda de la semilla que se puso allí para iniciar el proceso de crecimiento. Vamos a usar esa energía y convertirla en puré de malta que puedes usar para preparar tu cerveza.

Lo que sucede durante el proceso de germinación de esos granos es que la energía almacenada en la semilla se cambia a medida que se libera. Cuando los almidones en las semillas se transforman en azúcares por las enzimas que son parte activa del proceso de germinación, esos azúcares nos dan uno de los ingredientes principales para una gran cerveza. Es en ese momento exacto que el proceso de germinación se suspende utilizando hornos para secar los granos y todo ese buen azúcar y enzimas que se activaron permanecen en la malta para su uso durante el proceso de elaboración de la cerveza.

Obviamente, esta descripción del proceso básico de malteado se simplifica, pero para nuestros propósitos le da un fondo en lo que sucede antes de comprar las maltas que utilizará en su cerveza casera. Pero en base a esta descripción, puede pasar a tener una idea de la amplia variedad de tipos de malta. Cuanto más sepas sobre la malta, mejor informado estarás sobre qué maltas deseas usar cuando prepares tu cerveza. Y esas decisiones tendrán un gran efecto en el sabor de su cerveza. Así que para una cerveza de gran sabor, use grandes maltas y conocer una malta de la siguiente es la clave para saber cuál usar para la mejor cerveza casera posible de sus esfuerzos de elaboración de cerveza en casa.

KEGGING

Cuando aprende por primera vez el oficio de la elaboración casera, uno de los grandes pasos es la transferencia de la cerveza en botellas más grandes para la fermentación y luego botellas más pequeñas para el almacenamiento y para servir a los huéspedes su deliciosa cerveza. Esto puede ser desordenado, pero es un paso importante en el camino hacia la cerveza de gran sabor. Y aprender las habilidades de transferencia y embotellado de cerveza será un gran paso a medida que llegue su sofisticación en la elaboración de cerveza en casa.

Sin embargo, llega un momento en que puede considerar el siguiente gran paso para convertirse en más hábil en sus talentos cerveceros caseros. Y ese siguiente gran paso es en el kegging de sus cervezas caseras. Pero antes de dar ese paso, es bueno saber lo que necesitará y los costos y esfuerzos que implica, así que entras en el paso del kegging con los ojos bien abiertos.

Por un lado, kegging su propia cerveza puede ser un poco caro. Hay otro nivel de equipo que incluye tanques de almacenamiento de CO2, los botes de kegging e incluso un kegerator que puede agregar otro nivel de costo a su pasatiempo de elaboración de cerveza casera. Pero con suerte, si ha estado haciendo su propia cerveza durante unos años antes de dar este paso, puede ver que el dinero que ha ahorrado en bebidas ha sido lo suficientemente significativo como para justificar el siguiente gran paso hacia el kegging.

El primer paso tal vez de pasar al kegging es conseguir que la familia a bordo, especialmente su cónyuge, como usted puede haber hecho cuando comenzó a elaborar cerveza por primera vez en el primer lugar. Una progresión natural, sin embargo, es comenzar su afición de la elaboración casera por la diversión y los ahorros y luego ir hacia la elaboración de cerveza cuando se convierte en un fanático serio de la elaboración de cerveza casera y sabe que la calidad de su cerveza exige este paso. Así que si su familia ha evolucionado y usted es una familia cervecera casera, estarán tan emocionados como usted de aprender este próximo paso.

Junto con los costos, obtenga una buena sensación del espacio de almacenamiento adicional que el kegging se sumará a sus necesidades y requisitos de fabricación de cerveza. Junto con el equipo para el kegging, también necesitará espacio adicional en el refrigerador. Este podría ser el momento de considerar la compra de una unidad de refrigeración especializada llamada kegerator que se hace solo para enfriar y servir su cerveza fina desde el entorno de kegging. Pero si te entretienes mucho y estás recibiendo esas críticas favorables por la calidad de tu cerveza casera, tal compra es una decisión de slam dunk.

La ventaja del kegging es que reduce gran parte del alboroto y el desorden de usar botellas y siempre tener que limpiar y hacer estériles esas botellas para el próximo uso. Y el kegging te da mucho control sobre los niveles de carbonatación en tu cerveza. Eso le da aún más opciones y libertad para ajustar la carbonatación para su uso en la creación de estilos y sabores únicos en su cerveza. Esa es solo una de las muchas maneras en que el kegging mejora la calidad general y los diversos sabores que puede lograr con sus cervezas caseras.

Por supuesto, todavía habrá un lugar para embotellado de su cerveza, incluso si ha revisado su almacenamiento y en casa el método de servicio para pasar al kegging. Hay una verdadera diversión y orgullo cuando se puede servir a la familia y los huéspedes de gran sabor cerveza helada directamente desde un barril como si pudiera obtenerlo en el pub. Btu usted querrá mantener algunas botellas alrededor para crear cerveza embotellada para regalos o para llevar con usted a una salida social. Cuando te presentas a esa próxima gran barbacoa con botellas de tu propia cerveza casera y kegged, serás el éxito del evento.

DEJAR SU CERVEZA SOLA PARA CONVERTIRSE EN GRANDE

Para convertirse en un verdadero "maestro" de la elaboración de cerveza, tienes que entender cada aspecto de lo que sucede durante el proceso de elaboración de la cerveza. Cuando llegas a casa de la tienda de suministros de cerveza con tu kit o tus bolsitas con los suministros para hacer un lote fresco de cerveza, a veces es difícil imaginar que esas materias primas resultarán en un delicioso lote de cerveza que hiciste tú mismo. Pero al entender cada paso, puede convertirse en un experto en hacer cerveza en casa.

Los ciclos de hacer cerveza son cada uno importante a medida que los tomas por orden. Desde la esterilización de su equipo, a la compra de los suministros y luego a la ebullición y elaboración de la cerveza y la fermentación, cada paso es importante. Pero ese último paso, la fermentación y el envejecimiento es único del resto porque es el paso que llama a no estar interactuando con su cerveza, ajustando el equipo o preparando los ingredientes de la elaboración de la cerveza. Es el paso que requiere que utilices la paciencia y el cuidado amoroso tierno para dejar tu cerveza sola mientras fermenta. Pero el proceso de fermentación es tan crucial, si no más, que cualquiera de los pasos de preparación. Esto se debe a que es la fermentación que realmente convierte la mezcla que ha cocinado en la estufa de la cocina en una cerveza de sabor maravilloso que estará orgulloso de servir a amigos y familiares.

Hay dos fases de fermentación que es la etapa primaria y la etapa secundaria. Ambos son importantes. Durante la fermentación primaria, la levadura y los azúcares que están en el mosto que tan cuidadosamente preparó pasan por una larga interacción química que libera dióxido de carbono como subproducto. Ahora, durante esta fase, desea obtener ese CO2 de esas botellas de fermentación porque si las deja allí, las botellas explotarán.

La necesidad de sacar ese dióxido de carbono de la botella de fermentación sin abrir la fermentación al aire exterior por completo es una buena razón para comprar equipos de fermentación especializados porque vendrán con dispositivos de liberación de aire que utilizarán un sistema de esclusa de aire para liberar la acumulación de CO2, pero mantienen un nivel de separación entre el entorno exterior y su cerveza de fermentación.

Una vez que tenga las botellas preparadas y el mosto en su lugar, es hora de encontrar un lugar oscuro fresco en la casa para colocar las botellas de fermentación. No ceda a las ganas de ponerlos en el refrigerador porque eso solo detendrá la fermentación en seco. Una habitación que mantiene una temperatura constante de 65-75 grados es buena. Ahora que el proceso de fermentación está en marcha, haces lo que a menudo es la maniobra más difícil para cualquier fanático de la cerveza casera. Dejas la cerveza sola y dejas que los ingredientes hagan magia en esas botellas durante unas dos semanas.

La fermentación secundaria es la siguiente y última fase, excepto si elige envejecer su cerveza para mejorar el sabor. Pero la segunda fermentación es donde se agrega un poco de azúcar adicional y se filtran los sedimentos de la fermentación primaria y se atrapa la mezcla en botellas selladas esta vez. La acumulación de CO2 no es tan extrema, por lo que el peligro de explotar las botellas de cerveza ha desaparecido y el dióxido de carbono crea ese atributo burbujeante a su cerveza que le dará una cabeza y un sabor maravillosos. Ambas fases son necesarias y le darás a tu cerveza otro par de semanas en esta etapa antes de que esté lista para beber. Pero después de que tenga un poco de sabor, si desea dejar que la cerveza continúe procesándose y envejeciendo, tal vez incluso en recipientes de madera para agregar un sabor rico a la cerveza, esto es solo ser el Brewmeister que resultará en una cerveza de sabor maravillosa para servir a sus amigos y familiares.

MIRANDO ANTES DE SALTAR A LA ELABORACIÓN DE CERVEZA CASERA

Cada vez que comiences un nuevo pasatiempo importante, lo mejor es tomarte unos minutos y pensar en lo que te estás metiendo. Una gran cantidad de nuevos pasatiempos requieren una inversión significativa de tiempo y dinero. Esto es ciertamente cierto para el golf, el paracaidismo, el buceo y la elaboración de cerveza casera. Así que junto con un plan sobre cómo empezar, es bueno tener un buen plan para prepararse para sumergirse en la elaboración casera a gran escala. Si tiene una hoja de ruta para "comprobarlo", puede determinar si la elaboración casera encajará en su estilo de vida y su presupuesto.

"Mirar antes de saltar" significa que descubres lo que significa estar involucrado en el pasatiempo o deporte como miembro a tiempo completo de esa comunidad de pasatiempos. Cuando se trata de la elaboración de cerveza casera, eso solo sucederá cuando usted también pueda hacer su propia cerveza en casa. Y cuando ese momento finalmente llegue aquí y puedas jugar con las recetas y hacer que el sabor de tu propia cerveza sea muy único, ese será un momento emocionante para ti. Pero un enfoque maduro de esta afición muy adulta significa revisarlo y conocer la inversión de tiempo, dinero y espacio en el hogar antes de gastar su primer dólar para configurarse como cervecero casero.

Una manera fácil y divertida de relajarse en la afición de la elaboración casera que no cuesta un centavo es comenzar a establecer contactos con aquellos que ya están bien en su pasión por hacer cerveza. Puede encontrar foros en línea para usar para obtener más información sobre cómo comenzar. Y es casi seguro que hay una serie de sociedades y clubes de elaboración de cerveza casera en la ciudad que puede averiguar en línea o a través de su tienda local de suministros de cerveza al por menor. Estas conexiones sociales serán personas que son en gran medida "evangelistas" para la elaboración casera porque saben la diversión de la misma. Así que tendrá muchas oportunidades de sentarse con un nuevo amigo para pasar por el proceso de elaboración de la cerveza y no solo aprender qué equipo necesitará, sino cómo se utiliza a medida que recibe capacitación de un "viejo profesional" en la fabricación de cerveza casera.

Una vez que haya recibido un poco de entrenamiento básico de la ruta gratuita a través de los gurús de la elaboración de cerveza casera, llegará el momento en que esté listo para considerar comprar su propio equipo y darle una puñalada usted mismo. Pero ya has sido testigo de que la elaboración casera es un gran evento en la casa llenando la cocina, el refrigerador, haciendo un desastre a veces y requiriendo lugares para almacenar, refrigerar y fermentar la cerveza en las diversas etapas, desde los ingredientes hasta el producto terminado.

Por lo tanto, es importante que la afición de la elaboración casera no solo sea su pasión solitaria, sino que, si es posible, consiga que la familia entre en acción. Si pueden asistir a reuniones en el club cervecero casero o ir a competiciones u otros eventos que tienen que ver con la elaboración casera, pueden captar el mismo entusiasmo que usted tiene. Ese entusiasmo será muy importante, particularmente en su pareja, porque cada sesión de elaboración de cerveza será un evento importante en la casa que involucra la cocina con muchas sartenes y botellas y equipos. Así que tener a su esposa o esposo completamente a bordo con el proceso e incluso trabajar en él juntos hace que la diversión de la elaboración casera sea aún más satisfactoria.

Otra área de mirar antes de saltar es planificar no solo cómo usará todo el equipo que comprará, sino cómo manejará los problemas de almacenamiento. Es una preocupación muy pragmática, pero si traes este arsenal de equipos de fabricación de cerveza. Entre lotes va a tener que estar en algún lugar. Y si bien disfrutarás mucho de ese equipo, no quieres que domine el hogar.

Al tener una idea del equipo cuando se está preparando para comenzar su pasatiempo de elaboración de cerveza casera, puede preparar un espacio de almacenamiento para el equipo cuando no está en uso. Piense con anticipación en el almacenamiento para la fase de fermentación de la elaboración de la cerveza, así como en el almacenamiento de hasta cinco galones de cerveza por lote terminado. Pero al pensar en el futuro, cuando te conviertas en un cervecero casero muy activo, tendrás a tu familia e instalaciones listas para los cambios. Y eso es mirar antes de saltar al emocionante mundo de hacer y disfrutar de su propia cerveza casera.

HACER QUE SU CERVEZA SEA CRISTALINA

La cerveza es mucho más que una bebida de gran sabor. El hecho de que una cultura haya crecido alrededor de la alegría de hacer y disfrutar de la cerveza fina atestigua cuánta cerveza se ha convertido en parte de cómo funciona nuestra cultura. La bebida es sólo parcialmente sobre el sabor de la cerveza en sí y mucho acerca de dónde tienes tu cerveza, de qué la bebes, cómo se ve la cerveza en el vaso y con quién la estás bebiendo. Y si bien usted como cervecero de cerveza casera no puede controlar muchos de esos factores, puede controlar la calidad y el ambiente de la cerveza que hace para que no solo sepa muy bien, sino que también sea visualmente atractiva.

Si vierte una cerveza comercial de una botella o una lata, es posible que no sea consciente de cuánto esos fabricantes de cerveza ponen en no sólo el sabor, pero el efecto de otros sentidos tienen en la experiencia de beber cerveza. La forma en que se vierte la cerveza, el aroma a medida que la vierte, la cabeza que brota en su taza y cómo se ve la cerveza en el vaso son tan importantes como el sabor en sí. El énfasis que los grandes productores de cerveza ponen en los ascetas es tan extremo que incluso hacen que el sonido que la lata hace cuando "haces estallar uno frío" sea único porque saben que el sonido por sí solo puede prepararte para recibir el sabor de una gran experiencia de beber cerveza.

La verdad es que nada de eso cambiará si la cerveza en sí es de alta calidad o es buena para beber. Pero el atractivo visual importa. Un área de atractivo visual sobre la que tiene cierto control al hacer su propia cerveza en casa es la claridad. La claridad simplemente se refiere a cómo se ve la cerveza en el vaso. Si puedes ver a través de la cerveza y es un color beige o ámbar consistente, eso es visualmente atractivo. Pero si las cosas están flotando en la cerveza, incluso si son subproductos perfectamente inofensivos del proceso de elaboración de la cerveza, eso puede disminuir lo atractiva que es su cerveza para disfrutar e incluso disminuir lo agradable que es beber la cerveza, incluso si la cerveza en sí es de alta calidad.

Muchas de las "cosas" que flotan alrededor es la cerveza proviene de la levadura que es crucial para el proceso de fermentación que hace la cerveza. Algunas levaduras son mejores que otras sobre el asentamiento de la cerveza durante la fermentación. Otra fuente de material visible en la cerveza proviene de lo que se conoce como partículas no microbiológicas o NMPs que son un subproducto del proceso de elaboración de la cerveza. Una vez más, ninguno de estos materiales visibles son perjudiciales para el consumo ni reducen el valor de la cerveza. Simplemente se ven mal y lastiman la claridad de la cerveza, que es una forma en que la cerveza se mide por su calidad.

Muchos de los MNM se introducen durante la creación inicial del mosto, que es la fase uno de cualquier operación de elaboración de cerveza. El mosto se hierve a una temperatura alta durante un período de tiempo lo suficientemente significativo como para hacer que las proteínas de los ingredientes se desexpensan y se conviertan en parte de la fluidez del mosto en lugar de permanecer en un estado de sustancia o un "flóculo" que permanece visible en el producto terminado. Para evitar esto, asegúrese de que su ebullición mantenga una temperatura de 215F durante 90 minutos para asegurar el procesamiento completo de las proteínas.

Otro paso importante de elaboración de cerveza que puede hacer para reducir los agentes visibles en su cerveza es enfriar el mosto muy rápidamente. Al bajar la temperatura rápidamente, la claridad se mejora enormemente, al igual que el sabor y la calidad general de la cerveza. La mejor manera de lograr un enfriamiento tan rápido es mover el mosto rápidamente del proceso de elaboración de la cerveza a un ambiente muy fresco o usar un enfriador de mosto especializado para bajar rápidamente esa temperatura y eliminar muchos de los flóculos que podrían estar allí si el enfriamiento va más lentamente.

La búsqueda de claridad de la cerveza puede convertirse en una de sus principales pasiones como cervecero casero y hay toda una ciencia en el uso de agentes clarificantes como Irish Moss para mejorar la claridad de la cerveza sin disminuir la calidad o el sabor de la cerveza. Aprender buenas técnicas para hacer que su cerveza sea clara y atractiva es solo otro paso en su búsqueda continua para convertirse en la mejor cerveza amateur posible. Y esa es una búsqueda que vale la pena perseguir.

EL BREWMEISTER DEL PRESUPUESTO

Para un amante de la cerveza, uno de los pasatiempos más agradables que puede recoger es preparar su propia cerveza en casa. Una vez que se configura con el equipo y los suministros básicos, es un pasatiempo bastante asequible y obtendrá una gran cantidad de entretenimiento de pasar por el proceso de elaboración de la cerveza y la fermentación. Luego, una vez que comienzas a sacar tu propia cerveza casera, obtienes la sensación de orgullo porque esta cerveza hecha completamente por ti, por no mencionar el disfrute de chupar esa abundante mezcla que creaste tú mismo.

Uno de los atracos que pueden haberle impedido entrar en la fabricación de su propia cerveza puede tener el problema del costo. Si alguna vez has hecho un recorrido por una cervecería y ves las enormes máquinas y tanques de almacenamiento, es difícil ver cómo puedes hacerlo en tu cocina con solo unos pocos dispositivos simples. Pero hay toda una subcultura cervecera casera que se ha levantado por completo sobre la base de ser capaz de hacer cerveza usted mismo a costos relativamente bajos. Su legal, su diversión y la elaboración de cerveza puede convertirse en un pasatiempo importante, así.

Dicho todo esto, es cierto que los costos iniciales pueden ser bastante intimidantes. El costo de las ollas, fermentadores y otros equipos especializados puede ser de varios cientos de dólares. Es arriesgado hundir ese tipo de dinero en un nuevo pasatiempo antes de que sepas si disfrutarás haciendo cerveza, si la cerveza que haces será potable o si te quedarás con ella. Y durante un momento en el que necesitamos la mayor parte de lo que ganamos solo para salir adelante, ese es un riesgo que puede estar impidiendo que te entres en la afición de la elaboración casera.

Por supuesto, una solución natural es obtener su primera exposición y capacitación en la fabricación de cerveza con el equipo de otra persona. Una vez que comience a hurgar en los sitios web de elaboración de cerveza en casa y los lugares donde se venden el equipo y los suministros para hacer cerveza en la ciudad, puede averiguar sobre clubes y sociedades que están llenas de personas que han dado el paso y están haciendo cerveza todo el tiempo en casa como usted quiere hacer.

Estas personas no solo aman la elaboración casera, pueden convertirse en verdaderos evangelistas por su afición y con muy poco ánimo, se puede disfrutar de algunos sábados en su tienda o cocina aprendiendo a elaborar cerveza con alguien que ya sabe cómo hacerlo. Este tipo de experiencia no tiene precio porque aprendes qué buscar en el equipo y qué es esencial y qué es opcional. Puede pasar por el proceso de elaboración de la cerveza y aprender mucho sobre cómo hacer cerveza real que sea potable y qué trampas evitar. Mientras tanto, es posible que no haya gastado más dinero que comprar el almuerzo de su nuevo amigo o traer los pretzels para la fiesta de degustación cuando la cerveza haya terminado.

Pero luego, cuando esté listo para comenzar, su conocimiento de lo que realmente necesita dará sus frutos a lo grande. Usted todavía no tiene que pagar el dólar superior para que el equipo se ponga en marcha. Mucha gente comienza a hacer cerveza y por muchas razones, su pasatiempo se detiene de repente. El resultado es que hay un mercado de equipos de elaboración de cerveza casera usados bastante rápido por ahí. Usted puede encontrar equipos con descuento en condiciones nuevas o como nuevas en eBay o Craigslist todo el tiempo. Pero no pase por alto las fuentes locales, ya que esos clubes y asociaciones cerveceros caseros pueden tener tablones de anuncios con listados de personas que quieren vender sus equipos. Las casas de empeño de la zona son otro gran recurso.

Otra gran manera de ahorrar dinero es ir junto con un amigo y comprar el equipo juntos y dividir los costos todo el camino hacia abajo de la línea. Esto hace que la elaboración de cerveza sea más divertida y social y cada uno de ustedes puede tener el equipo y los suministros en casa en diferentes momentos para conocerla y aprender a hacer buena cerveza por separado para que puedan hacer una gran cerveza juntos. Y quién sabe, usted puede llegar a ser tan bueno en ello que usted comienza a vender su cerveza a los pubs locales. Y cuando los grandes dólares vienen de eso, su inversión en aprender a elaborar cerveza realmente se verá bien para usted.

LA FORMA RÁPIDA DE HACER CERVEZA EN CASA

Hay mucha gente que ha dado el paso para comprar todo el equipo y empezar a hacer su propia cerveza desde cero en casa. Pero lo más probable es que al igual que muchas personas sienten curiosidad por elaborar cerveza en casa, pero se ven empujados por el desafío de comprar todas estas cosas y averiguar cómo hacerlo y luego el problema del desorden y el almacenamiento de equipos y cerveza en diferentes fases de fermentación y finalización.

Para muchos, lo que se necesita es una manera fácil de darle una oportunidad a la elaboración casera sin tener que ir a todo el esfuerzo de comprar un conjunto completo de equipos, todos los ingredientes y las botellas y el almacenamiento solo para averiguar si te gusta. Lo que no se sabe generalmente es que hay una forma tan rápida de hacer cerveza en casa. Al comprar un dispositivo simple llamado máquina de hacer cerveza, puede hacer fácilmente un lote de cerveza en el hogar.

Lo bueno de una máquina de hacer cerveza es que es básicamente una situación de plug and go. Esto quita mucha de la intimidación de comprar muchas unidades individuales de equipo y pasar por cada paso de la elaboración de la cerveza y la fermentación por el asiento de sus pantalones. La máquina cervecera va un largo camino para tomar la preparación para que pueda hacer todos los pasos utilizando los recursos de la máquina. Cuando usted compra la máquina, viene con los ingredientes y las instrucciones.

Todo el diseño de una máquina de hacer cerveza se basa en la idea de reducir el desorden y el alboroto de la fabricación de cerveza para ese cervecero casero por primera vez que necesita tener algo de la alegría de hacer su propia cerveza, pero no tanto del trabajo y la preocupación. Ciertamente no tienes que ser un gurú de la fabricación de cerveza para usar estas máquinas fáciles de usar porque las instrucciones son claras y están escritas de una manera comprensible y los ingredientes vienen medidos y listos para usar.

Pero al igual que con cualquier solución ya hecha para descubrir algo tan grande como la elaboración casera de su propia cerveza, hay ventajas y desventajas para romperse en una máquina de hacer cerveza. Probablemente una de las mayores ventajas es que son una máquina de un solo uso que se puede utilizar y tirar. Esto saca los problemas de limpieza y saneamiento del circuito por completo. Todos los ingredientes están preparados y listos para agregar en cantidades premedidas, por lo que el alboroto y la preocupación por pasar de las materias primas por completo también se elimina. Es casi tan fácil de usar como se puede hacer que la elaboración casera sea.

El lado negativo de usar una máquina de hacer cerveza para entrar en el arte de la elaboración casera es que debido a que está completamente configurado cuando lo compras como un kit, no tienes la oportunidad de jugar con los ingredientes y disfrutar de la creatividad y la experimentación que es una gran parte de por qué la fabricación de cerveza es tan divertida. Vas por los pasos y haces un buen lote de cerveza. Pero no tienes la oportunidad de convertirlo en un gran lote de cerveza porque no puedes hacer cambios en los ingredientes sobre la marcha.

También se vende una máquina de hacer cerveza para hacer un solo lote de cerveza y luego, en teoría, debes tirarla. Esto puede parecer un gran desperdicio y usted podría tratar de limpiarlo para usarlo de nuevo. Pero la verdadera idea del producto es como una experiencia de arranque. Realmente no es el tipo de cosa destinada a que usted compre un nuevo kit cada mes y continúe haciendo ese mismo tipo de cerveza cada vez.

Pero mantenga la perspectiva de que no está realmente diseñado para ser su solución total y final para la fabricación de cerveza. Al entrar en la elaboración de cerveza casera con la máquina de hacer cerveza, obtienes parte de la experiencia de hacer y fermentar tu propia cerveza y luego embotellada para servirla unas semanas más tarde como un producto genuino de tu pequeña cervecería casera. Y la diversión de eso puede ser una gran manera de comenzar a hacer cerveza y luego convertirse en un pasatiempo que puede durar toda la vida.

EL CORAZÓN DE UN MAESTRO CERVECERO

En cualquier gran área de enfoque y especialización, hay quienes pasan a la grandeza en esa pasión y aquellos que solo llegan tan lejos, pierden interés o se desaniman y renuncian. Lo vemos en los deportes, los negocios y el arte, por nombrar solo algunas áreas. Así que tiene sentido que la afición de hacer cerveza en casa esté sujeta a las mismas leyes. Muchas personas se interesan en cómo hacer cerveza en casa, comprar el equipo y puede ir tan lejos como para hacer un lote o dos de cerveza. Pero después de un tiempo pierden la persistencia para ser realmente buenos en la fabricación de cerveza y se dan por vencidos.

Pero en este campo muy popular y creciente de la elaboración casera, hay algunos que pasan a la grandeza como fabricantes de cervezas finas en casa. Es de este grupo que comúnmente se ve lo mejor de la elaboración de cerveza casera que se produce y las cervezas que constantemente ganan premios en los concursos de elaboración de cerveza casera que se llevan a cabo cada año. Y es a partir de este grupo que más a menudo se ve a los fabricantes de cerveza aficionados dar el salto para comenzar a vender su cerveza comercialmente y tal vez pasar a ser dueño de su propio pub de cerveza en la ciudad y darse cuenta de una carrera completamente nueva haciendo lo que les gusta hacer, haciendo cerveza todo el tiempo.

Aquellos que alcanzan ese nivel de éxito tienen el corazón de un verdadero Brewmeister y exhiben todos los rasgos de alguien que está destinado a crear unas cervezas maravillosas y deliciosas. Entonces, ¿qué características hay en la personalidad de

alguien que puede empujar a ese nivel de éxito elaborando cerveza? Es útil pensar en
esto para ver si tal vez usted tiene el corazón de un verdadero Brewmeister, así.

Alguien que tendrá éxito en la elaboración de cerveza tiene una alta atención al detalle.
Al principio, tienes que aprender las cuerdas de hacer cerveza siguiendo las instrucciones
que vienen con tu kit o equipo de cerveza y aprender todo lo que puedas sobre el proceso
paso a paso de hacer un lote muy básico de cerveza de buen sabor. El futuro
Brewmeister quiere aprender los conceptos básicos y bajarlos muy bien, por lo que su
base es fuerte una vez que llegue el momento de innovar y usar algo de creatividad
cervecera para hacer algunas mezclas verdaderamente nuevas e interesantes.

El Brewmeister también es un fanático virtual de la limpieza y el saneamiento. La
mayoría de las veces, cuando se prueba cerveza casera que es defectuosa, proviene de la
falta de atención a la desinfección del equipo de preparación y el mantenimiento de una
calidad de saneamiento casi a nivel de quirófano durante todo el proceso de elaboración
de la cerveza. Para el que es un Brewmeister a través y a través de, no hay tal cosa como
"lo suficientemente bueno" cuando se trata de lo limpias que son sus instalaciones de
elaboración de cerveza. Sólo perfectamente sanitario es lo suficientemente bueno.

Otro rasgo básico de la personalidad en una persona que se dedica a hacer sólo la mejor
de la cerveza de calidad es la paciencia. Esta paciencia se muestra de varias maneras. Se
muestra en la voluntad de comprar sin cansarse de obtener los mejores ingredientes para
el próximo lote de cerveza que hace. Se muestra en la voluntad de comprar solo
suficientes materiales para un lote y luego salir y comprar un conjunto completamente
nuevo de materiales cada vez solo para asegurarse de que sus ingredientes estén
perfectamente frescos.

Sobre todo, el verdadero Brewmeister esperará el tiempo que sea necesario para que esa
cerveza pase por las semanas de fermentación y envejecimiento. Y si saca esa cerveza
después de que se hace un ciclo y la prueba y no está a la altura de sus altos estándares,
puede esperar otro mes o dos o más hasta que alcance un nivel de alta calidad que sea
aceptable para cualquiera que beba la cerveza que hace.

Finalmente, ese Brewmeister de cada cien que llega a la grandeza en la fabricación de la
mejor cerveza imaginable desde un entorno de elaboración de cerveza casera es
imposible de desalentar. La idea de rendirse porque un lote de cerveza no salió bien o
algo más introdujo un retroceso al esfuerzo está fuera de lugar. Es ese tipo de
persistencia combinada con paciencia, atención al detalle y creatividad que es la mezcla
de personalidad perfecta que hace que un gran Brewmeister que pasará a la grandeza en
esta maravillosa pasión de la elaboración de cerveza casera.

EL CORAZÓN DEL GRAN LÚPULO

No se puede negar que una gran cerveza tiene un sabor único que es diferente a cualquier
otra bebida en el mundo. Esa ingeniosa mezcla de amargor y los ricos sabores de grano

puede darle una cerveza que es audaz y robusta o una que es suave y suave. Y si bien cada componente del proceso de elaboración de la cerveza contribuye con cosas importantes a ese sabor único, el lúpulo puede tener un gran impacto en el resultado de su cerveza. Es por eso que es bueno entender el papel que juega el lúpulo en el proceso de elaboración de la cerveza y cómo puede controlar el sabor de su cerveza casera mediante el control del lúpulo.

El lúpulo es un ingrediente natural que en realidad es una flor de la vid de lúpulo. Una razón por la que el lúpulo le da tanta flexibilidad como un fabricante de cerveza aficionado es que las variedades y el origen del lúpulo es muy diverso. Así que puedes encontrar diferentes lúpulos con los que experimentar hasta que encuentres uno que te dé el sabor perfecto para tu cerveza.

La forma en que el lúpulo afecta a tu cerveza es diferente dependiendo de dónde proviene el lúpulo y cómo los usas. Algunos lúpulos pueden introducir amargor a su cerveza que no es una mala cosa si es parte del sabor general. Ese sabor "seco" que muchos realmente disfrutan en una buena lata de cerveza vino de la amargura del tipo correcto de lúpulo. Pero el lúpulo también le da a la cerveza su profundo aroma rico que es una delicia de sabor por sí misma. Por lo tanto, es bueno investigar cuál de estos sabores agregará el lúpulo que está comprando a su cerveza y mantener algunos registros para que sepa qué lúpulo funciona mejor para usted.

Ahora, cuando vaya a las tiendas de suministros de elaboración de cerveza en la ciudad o haga un pedido de Internet, puede comprar lúpulo sin procesar y prepararlos para prepararlos usted mismo. Pero por lo general, cuando está comenzando, es más fácil comprarlos prensados y envasados en pellets en la medida correcta para agregarlos a su proceso de elaboración de cerveza en el momento adecuado. No necesitas mucho lúpulo para hacer un lote de cinco galones de cerveza sabrosa y rica. Alrededor de dos onzas por lote es suficiente. Así que ten cuidado de no comprar demasiado. Por un lado, como un artículo perecedero, el lúpulo no utilizado podría ir mal antes de que los agotes. Pero también es posible que desee comprar cantidades muy pequeñas de lúpulo para que pueda experimentar con diferentes para encontrar el sabor que desea.

Además del origen y el tipo de lúpulo que compra, la forma en que usa el lúpulo durante el ciclo de elaboración de la cerveza tiene el mayor efecto en los cambios en el sabor de su cerveza. El lúpulo utilizado para amargar una cerveza generalmente se agrega durante el proceso de ebullición muy temprano en el ciclo de preparación de la cerveza. Esto asegura que la ebullición sacará cualquier aroma de esos lúpulos y dejará solo el efecto amargor que desee. El lúpulo utilizado para el aspecto de sabor y aroma se puede agregar más adelante en el ciclo de ebullición o durante la fermentación. Cuanto más adelante en el proceso de elaboración de la cerveza que se introduce el aroma de lúpulo, más la cerveza que es el resultado de la elaboración de la cerveza tendrá ese fuerte sabor a lúpulo. Para obtener una cerveza con el sabor más fuerte del lúpulo, agregue lúpulo seco al final del proceso de fermentación y ninguno de los sabores originales se sacará de la bebida final. Pero esta puede ser una cerveza muy fuerte, así que tenga en cuenta.

El lúpulo le da muchas maneras de experimentar con el proceso de elaboración de cerveza casera para obtener sabores nuevos e interesantes. Y el continuo crecimiento y desarrollo de sus habilidades de elaboración de cerveza casera y la búsqueda de nuevas formas de hacer que sus cervezas sean sabrosas y ricas es una de las cosas que hace que la elaboración casera sea tan satisfactoria. Y el lúpulo puede ser una gran parte de esa diversión.

EL CORAZÓN DE LA ELABORACIÓN CASERA

¿Recuerdas el momento en que tuviste la idea por primera vez en tu cabeza de tomar la elaboración de tu propia cerveza en casa? Para muchos es un recorrido por un pub cervecero o algún otro detrás de escena de la exposición a todo lo que sucede cuando se hace una buena cerveza. Antes de ese momento crucial, es posible que nunca haya pensado en la cerveza que se hace en absoluto. El origen de la cerveza era la licorería o el mercado y eso era todo. Pero cuando te diste cuenta de que no solo la cerveza pasa por una fascinante transformación de granos, lúpulo y maltas a esta deliciosa cerveza que disfrutas, sino que puedes hacer tu propia cerveza si quieres, fue entonces cuando la idea de convertirte en una cervecera casera comenzó a hacerse realidad en tu mente.

Para otros, ese momento de darse cuenta de que la elaboración casera podría ser un mundo completamente nuevo puede haber sucedido cuando estuvo expuesto por primera vez a la cerveza "real", como lo llaman los entusiastas de la elaboración casera. Eso es cuando probaste una cerveza que no fue hecha por uno de los grandes fabricantes de cerveza al por menor como Budweiser, Coors o Miller y descubriste cómo sabía la cerveza cuando venía directamente del proceso de elaboración de la cerveza a tu vaso. Ese también puede ser el día en que descubriste la increíble diversidad de tipos de cerveza, texturas y sabores que había. Y para muchos cuando te das cuenta de que puedes encontrar una diversidad de cervezas que es casi tan extensa como en el mundo del vino que a menudo es muy difícil volver a la aburrida cerveza pasteurizada vieja de nuevo.

Así que si estás a punto de "dar el salto" para convertirte en un cervecero casero tú mismo, estás a punto de entrar en un mundo rico y lleno que está lleno de historia, cultura, tradición y nuevos amigos y asociados. Usted no sólo va a tomar la afición de la elaboración de cerveza, usted se "convertirá" en un cervecero casero que es un tipo único de individuo de hecho.

No es difícil "definir" la elaboración casera porque el término se explica por sí mismo, excepto para continuar diciendo que es totalmente posible que usted haga cerveza de alta calidad en su propia casa con una pequeña inversión en equipos, los ingredientes básicos que también están disponibles y el amor y la paciencia que se necesitará para aprender el proceso. Pero el proceso no es difícil, lo que explica por qué la elaboración casera es una pasión y un pasatiempo que está creciendo en popularidad cada año más y más. Es posible que se sorprenda de quién conoce que tiene un amor por la elaboración de cerveza porque no es sólo el bebedor de cerveza de núcleo duro que usted podría conocer.

Debido a que la elaboración de cerveza en casa tiene que ver tanto con el arte y el arte de hacer una bebida de calidad, los cerveceros caseros provienen de todos los ámbitos de la vida, desde camareros hasta ministros y desde profesores universitarios hasta bibliotecarios.

El corazón de la elaboración casera es la diversión, la emoción y la satisfacción de crear su propio lote de deliciosa cerveza puede traer. Pero lo que transforma a los aficionados a la elaboración de cerveza en casa en fabricantes de cerveza de por vida es el desafío de encontrar siempre nuevas mezclas, nuevos métodos y nuevas formas de hacer que su cerveza sea aún más sabrosa que el último lote.

Tenga en cuenta que un celo por ser cada vez mejor en la elaboración de cerveza casera puede ser la formación de hábito. Pero si te enganchas, conocerás a miles de personas en tu ciudad y en todo el país y el mundo que tienen la misma adicción que tú. Es una adicción maravillosa que nunca te arrepentirás de atrapar porque preparar cerveza en casa puede proporcionar décadas de diversión y disfrute haciendo tus propias mezclas de cerveza. Pero proporciona algo más igual de bueno que es realmente una cerveza de gran sabor. Así que disfruten.

LA MALTA DE LA CERVEZA

Tendemos a pensar en la "malta" como una cosa. Por supuesto, está la malta de caramelo y está la antigua "malteada" que era el establo de las "tiendas de malta" de la década de 1950, que en nuestra mente es más como un batido de leche moderno. Pero cuando se trata de cerveza, casi cualquier persona, incluso las personas que no están involucradas en la elaboración casera, pueden enumerar los ingredientes como el lúpulo, la malta y los granos. Así que como parte de nuestra búsqueda para familiarizarnos más con todos los aspectos de la fabricación de cerveza, es una buena idea explorar más profundamente de qué se trata exactamente la malta en la cerveza.

Cuando escuchas la palabra "malta" en lo que respecta a la elaboración de cerveza, la referencia es en realidad a la cebada malteada. La malta es el resultado del proceso de malteado que comienza con el grano de cebada puro, el mismo grano que podría usar para hacer muffins o sopa de cebada. Esa es una buena manera de fundamentar el concepto de malteo en algo muy familiar.

Pero incluso entonces el término "cebada malteada" no es lo suficientemente específico. La malteada llega directamente al corazón de cómo se hace la cerveza porque el ingrediente principal de la cerveza es lo que resulta cuando se fermentan los azúcares de la cebada malteada. Esos azúcares se llaman científicamente maltosa, por lo tanto, malta. Así que la malta utilizada para hacer cerveza es el resultado de fermentar los azúcares de la cebada malteada, mientras que el caramelo o la forma de malta del desierto son esos azúcares en sí mismos, sin fermentar. Eso hace buenas curiosidades para la nueva reunión del club de cerveceros en casa. Pero lo que hace que la malta de los cerveceros sea tan útil en las cervezas es que hay una amplia variedad de tipos de azúcares de maltosa que resultan de la fermentación. Y cada uno de estos se puede elaborar en una cerveza muy única.

La forma en que se produce la malta puede hacer que las curiosidades sean aún más interesantes. Y te da una idea de cómo llegan a ser las maltas que usas en tu elaboración casera. El proceso de malteado de cebada comienza con el salto a partir del proceso de germinación que es la forma de la naturaleza de preparar las plantas de cebada para crecer de semillas a brotes. La cebada se empapa y luego se drenan bastante pronto por lo que las semillas serán estimuladas para comenzar a germinar. La parte del proceso de germinación que es interesante para los cerveceros ocurre cuando ciertas enzimas son liberadas por germinación. Estas enzimas son potentes productos químicos que convierten los azúcares y almidones almacenados en las semillas que se convierten en alimento para impulsar la germinación y el crecimiento de la planta. Pero son esas enzimas las que el cervecero está buscando capturar.

El objetivo de la malteación es activar esas enzimas en las semillas y liberarlas para que el cervecero pueda capturarlas para el proceso de elaboración de la cerveza. Así que tan pronto como comienza el proceso de germinación, el grano se seca rápidamente por lo que las enzimas se capturan en ese estado crudo para ser procesadas en cebada malteada. Una vez que el cervecero tiene la cebada malteada en la condición que acabamos de pasar, esa malta se satura en agua caliente. Esto estimula y activa las enzimas y las pone a trabajar de nuevo. Bajo las condiciones controladas del proceso de elaboración de la cerveza, las enzimas hacen su trabajo de convertir los almidones en la cebada en azúcares. Y como esos azúcares pasan directamente de la conversión a ser hervidos con lúpulo y luego combinados en levadura fermentada, el resultado es esta pequeña cosa que llamamos -- cerveza.

Ahora bien, todo esto es buena información, pero la mayoría de nosotros que estamos haciendo cerveza a nivel amateur. Para nuestros propósitos, el extracto de malta que es vendido por su proveedor de elaboración de cerveza casera es una gran manera de tener toda esa preparación calificada a su disposición sin que tenga que hacer todo el trabajo. Al comprar la malta en forma de extracto, está listo para entrar en su agua hirviendo y unirse al proceso de elaboración de cerveza casera en pleno apogeo. A medida que agregue la malta, esas enzimas se activarán y las reacciones químicas necesarias para crear cerveza de gran sabor estarán en marcha.

Tal vez llegue un momento en que se involucre más en los procedimientos más complicados de la elaboración de la cerveza o al menos visite una cervecería donde el proceso de malteo está en marcha. Pero dado que nuestro amor por la elaboración casera se trata de aprender todo lo que podamos sobre cómo se hace la cerveza haciéndola nosotros mismos, tener una idea o el proceso de malteado también es educativo y fascinante.

LOS MUCHOS CAMINOS HACIA UNA GRAN CERVEZA CASERA

Antes de que realmente te orientes a lo que es la elaboración casera, es fácil pensar que es un proceso que está grabado en piedra y solo hay una manera correcta de hacerlo. Y es cierto que el proceso de elaboración y fermentación tiene unos pasos que hay que seguir con cierta disciplina si se desea disfrutar de una gran cerveza casera. Pero una de las razones por las que la elaboración casera es una pasión para muchas personas que disfrutan de esta forma de hacer cerveza es que hay tantas variedades de recetas y estilos de hacer.

Usted puede fácilmente tener una idea de lo que una gran variedad hay en formas de elaborar cerveza y en recetas de ingredientes cuando visita su minorista local de suministros de cerveza, ir a sitios web de elaboración de cerveza en casa o sentarse en las reuniones del club de elaboración de cerveza en casa en la ciudad. Y lo bueno del lado social de la cultura cervecera casera es que llegarás a casa con un cuaderno lleno de ideas de cosas que puedes probar en los próximos lotes de cerveza. Lo más probable es que tenga meses de ideas para probar y es posible que nunca se quede sin nuevos enfoques, mezclas y recetas para tratar de hacer que su cerveza casera sea interesante y sabrosa para usted, su familia y sus amigos.

Para ese recluta de elaboración casera por primera vez, una de las mejores maneras de ayudarlo a divertirse de hacer cerveza en casa sin tanta inversión y desorden que vendrá a su debido tiempo es ir con un kit o máquina de elaboración de cerveza casera. Las máquinas de hacer cerveza literalmente toman todo el pensamiento y la planificación y el riesgo de probar la elaboración de cerveza casera para ver si desea hacer la inversión en una configuración completa. La máquina viene con un conjunto completo de ingredientes para un lote de cerveza y el equipo está automatizado para que el cervecero casero novato pueda hacer la cerveza y moverla a través del proceso de fermentación y envejecimiento y conocer la diversión de tomar cerveza casera real unas semanas más tarde.

Del mismo modo, los kits simplemente el proceso de compra y uso de los equipos e ingredientes para comenzar en la elaboración de cerveza casera. A diferencia de la máquina de hacer cerveza que se utiliza una vez y se desecha, el kit del fabricante de cerveza le da el equipo básico que será el comienzo de su colección de las herramientas de un fabricante de cerveza para ser utilizado una y otra vez muchas veces. Pero el kit proporciona los ingredientes y las instrucciones para hacer que el proceso de aprendizaje para hacer su propia cerveza sea fácil y divertido de aprender.

Incluso para los fabricantes de cerveza casera experimentados, hay variaciones en el método de elaboración casera que le dará más flexibilidad y variedad de opciones que afectarán cuán única será su cerveza. Pero cada uno puede tener una mayor inversión de trabajo y esfuerzo para usar de manera efectiva, por lo que vale la pena familiarizarse con ellos con anticipación para que sepa su inversión de tiempo y esfuerzo y lo que podría esperar con un nuevo método de elaboración de cerveza.

Probablemente el método de elaboración de cerveza más común que la mayoría de los cerveceros aficionados usan y el que se enseña en la mayoría de las guías de elaboración de cerveza caseras es el método de extracto. Y aunque es bien conocido, porque realmente está elaborando cerveza usted mismo en lugar de usar un kit o una máquina, puede alterar las consistencias y sabores de su cerveza y obtener una cerveza maravillosa cada vez que use este enfoque.

Puede establecerse en el método de extracto durante mucho tiempo o tal vez usarlo exclusivamente para su carrera cervecera y obtener excelentes cervezas con él cada vez. Pero si desea un mayor desafío y la posibilidad de cervezas aún más únicas como resultado, puede explorar el método Mini-Mash y los estilos Full Mash Brew de elaboración casera. Cada uno es más complejo y tarda más en terminar el proceso de elaboración de la cerveza. Pero también le dan mucha flexibilidad e incluso más capacidad para hacer su propia cerveza única y distintiva.

Depende de ti por dónde comenzar en tu afición a la elaboración de cerveza y los caminos que tomes. Puede explorar nuevos enfoques a través de la creación de redes con otros cerveceros. Pero nunca te aburrirás elaborando cerveza en casa porque la variedad de métodos e ingredientes son prácticamente ilimitados.

EL KIT DE ELABORACIÓN DE CERVEZA CASERA ADECUADO PARA USTED

Siempre hay un impulso cuando se inicia en un gran nuevo pasatiempo como la elaboración de cerveza casera para salir y comprar el equipo y los suministros más caros y bucear de cabeza primero. Ese instinto puede provenir de ver a un "viejo profesional" en casa elaborando cerveza trabajando su propia configuración elaborada para hacer una gran cerveza. Así que, naturalmente, cuando comienzas a aprender a preparar cerveza en casa tú mismo, quieres esforzarte por lo mejor, que es hacer que la cerveza sea tan buena como hacen los viejos profesionales. Pero el instinto de comprometerse en exceso debe ser resistido.

La industria de la elaboración de cerveza casera es grande y se ha vuelto mucho más capaz de apoyar a los nuevos reclutas a este emocionante pasatiempo y pasión para obtener justo lo que necesita cuando lo necesita. Y si usted sale y gastar una fortuna en equipos que simplemente no es adecuado para usted al comenzar, no sólo puede frustrarse, pero si su amor por la elaboración de cerveza casera no "se pega", usted puede terminar sintiéndose mal acerca de una inversión tan grande. Por lo tanto, como es el caso de muchos pasatiempos, lo mejor es comenzar despacio, usar algunos "equipos de arranque" muy básicos y obtener algunos lotes de cerveza en su haber y crecer a partir de ahí.

Ahí es donde comenzar con un kit de elaboración de cerveza casera es un buen paso. De esa manera, con una compra, puede llevar a casa el equipo básico que necesita, los suministros para sus primeros lotes de cerveza y, probablemente lo más importante, algunas instrucciones sobre cómo comenzar a hacer cerveza. Puede encontrar una variedad bastante amplia de kits de fabricación de cerveza para elegir solo para comenzar. Y debido a la diversidad de los tipos de kits de inicio que hay por ahí, es bueno saber lo que quieres al comenzar a comprar en los sitios web, catálogos o en el minorista local de elaboración de cerveza.

Al igual que con todo lo demás, puede encontrar opciones de bajo precio cuando compra un kit de elaboración de cerveza y otros kits que tienen muchos más accesorios y suministros para ofrecer. Las cosas que debe buscar en el camino del equipo en su primer kit son desinfectantes y botellas, así como recipientes para la fermentación una vez que el proceso de elaboración de la cerveza se pone en marcha. Tenga en cuenta que una vez que la cerveza esté en producción, la moverá de un contenedor a otro y tendrá la oportunidad de intervenir y eliminar los residuos no deseados del último paso. Así que varios sifones y coladores realmente pueden ayudarlo como el maestro cervecero de este lote de cerveza para purificar su cerveza a medida que se mueve desde la olla hirviendo a los contenedores de fermentación.

Así que no solo compre el primer kit de elaboración de cerveza casera que vea. Tómese un tiempo y evalúe lo que cada uno tiene para ofrecer para determinar si los más caros vienen con una variedad más profunda de suministros que pueden evitar que tenga que agotarse y complementar el kit bastante temprano en su carrera de fabricación de cerveza. Esos kits pueden costar un poco más, pero en comparación con la compra de cada uno de esos artículos uno por uno, por lo general es una muy buena oferta.

Además de la variedad de herramientas y accesorios de elaboración de cerveza, mire el tamaño físico del equipo que obtiene. El mejor tamaño para cualquier lote de cerveza es un mínimo de cinco galones. La elaboración de cerveza en esa cantidad le da al mosto un espacio suficiente para prepararse bien. Así que asegúrese de leer la letra pequeña que las ollas y contenedores de almacenamiento que está recibiendo con su kit le permitirá hacer lotes que se ajusten a sus expectativas. Pero también tenga en cuenta los problemas de almacenamiento, ya que no desea equipos tan grandes, es difícil mantenerlo todo a mano para su próxima cerveza.

TRUCOS DEL COMERCIO PARA HACER UNA GRAN CERVEZA

Ensamblar el equipo y los ingredientes para hacer cerveza es una operación cortada y seca. El proceso de hacer cerveza en casa no es realmente un misterio. Esa es una de las razones por las que la elaboración casera se ha vuelto tan popular. Debido a que puede configurarse para preparar cerveza en casa con una inversión relativamente baja en equipos e ingredientes, es fácil comenzar a hacer su propia cerveza. Y cuando terminas ese primer lote y se almacena para ser probado en unas pocas semanas, la emoción de que pronto estarás bebiendo tu propia cerveza es una sensación única y una que quieres repetir a menudo.

Una vez que haya confirmado que de hecho puede hacer cerveza, la siguiente pregunta que surge es: ¿puede hacer BUENA cerveza? Cuando probaste ese primer lote, estabas muy emocionado porque realmente era cerveza. Pero es posible que haya notado algunos aspectos de la cerveza que le gustaría mejorar. La cerveza puede haber sido demasiado amarga o tener un sabor a lúpulo demasiado fuerte. La claridad de la cerveza puede haber sido imperfecta o se podía ver cosas flotando en su cerveza.

Pero estos defectos son aceptables al principio porque te impulsan a querer convertirte en un mejor fabricante de cerveza. Desea que su cerveza sea tan sabrosa y agradable de beber que sus invitados digan que es tan buena o mejor que la cerveza comprada en la tienda y que incluso esté a la altura de la calidad en el pub de cerveza local. Esa es una tarea difícil, pero parte de la diversión de preparar cerveza en casa es esforzarse por esos objetivos. Para llegar allí, algunos de los trucos que los viejos profesionales de la elaboración casera saben que ayudarán mucho. Parte de su sabiduría puede ayudarte a pasar de ser un fabricante de cerveza novato a las filas de las personas y realmente saber lo que están haciendo.

La mayoría de las recetas para hacer cerveza en casa requieren hacer un lote de cinco galones de cerveza. Eso es mucha cerveza. Así que a veces los cerveceros caseros tratan de cortar el lote para hacer menos cerveza. Se hace con buena intención. Es difícil almacenar cinco galones de cerveza. Y si no bebes tu propia cerveza bastante rápido (o la regalas), la cerveza puede volverse rancia o mala, lo que es difícil de ver pasar a "tu" cerveza.   Pero los viejos profesionales nos dicen que no cortemos el lote y sigamos adelante y hagamos cerveza hasta cinco galones a la vez. Necesita esa cantidad para obtener el valor total del proceso de elaboración de la cerveza. Y es difícil ajustar las recetas para un lote más pequeño, lo que significa que hay una buena probabilidad de que termine con una cerveza que no tiene el equilibrio adecuado de malta, lúpulo y levadura. El resultado puede ser una cerveza que es difícil o imposible de beber y todo se tira. Mejor hacer cinco galones de buena cerveza que tres galones de cerveza no potable.

Cuanto más estudies y aprendas sobre la elaboración de cerveza, mejor te convertirás en la elaboración de cerveza en casa. No se limita a ir de las instrucciones que vienen con el equipo. Hunde sus dientes en el aprendizaje de todo lo que pueda. La cerveza que hagas se beneficiará de la tarea que hagas. Y también te divertirás más.

Así como no es recomendable reducir el tamaño de cualquier lote de cerveza casera que produzcas, también evita cortar esquinas en términos de tiempo o limpiar. A veces parece que hervir la cerveza en curso que se llama el "mosto" durante una hora a una hora y media parece mucho. Pero el largo tiempo de ebullición ayuda a los ingredientes a engranar de la manera correcta. También hierve los malos elementos de la mezcla que no quieres en la cerveza y saca a mente los sabores de la malta, los granos y el lúpulo para que estés obteniendo lo mejor de esos ingredientes. Finalmente, no se preocupe por ser demasiado quisquilloso con la limpieza. Mantener sus ollas hirviendo y tanques de fermentación absolutamente limpios y estériles asegura que nada entrará en la cerveza, excepto ese mosto puro que tan cuidadosamente elaboró. Así que adelante y sé quisquilloso. La cerveza que hagas será mejor si lo eres.

USO DE UN BUEN KIT DE FABRICACIÓN DE CERVEZA

Muchas veces el impulso de finalmente dar el paso en la elaboración de cerveza casera viene cuando fue al pub cervecero y pagó diez dólares por una cerveza importada de una que se elaboró en su pub. E incluso si esa cerveza es buena, es fácil empezar a sospechar que podrías hacerlo tan bien haciendo cerveza y que tu cerveza sería perfectamente fresca y costaría mucho menos de diez dólares por vaso para disfrutar de este sabor todo el tiempo. Cuando ese pensamiento cruzó tu mente, nace el cervecero casero en ti.

La comunidad de amantes de la cerveza es muy grande como se documenta en las enormes ventas de cerveza que se mantienen constantes en todo el mundo. Por eso es casi una vergüenza y un delito que la cerveza se produzca en masa y la cerveza mala se venda tan ampliamente. Es un crimen porque es muy fácil hacer muy buena cerveza. Si tienes ese deseo de disfrutar de lo mejor de esta antigua receta y tal vez cruzar la línea para querer ser un fabricante de gran cerveza, encontrarás que comenzar con este gran pasatiempo es mucho más fácil de lo que podrías haber pensado. Y sí, si bien tendrás que aprender algunas cosas sobre el proceso de hacer cerveza, ¡será más divertido que cualquier clase que tomaste en la escuela secundaria porque estás aprendiendo a hacer algo que amas y puedes beber tu examen final!

Sin embargo, a diferencia de la escuela, una vez que se llega al proceso básico de elaboración casera, la variedad de "respuestas correctas" a cómo hacer una gran cerveza son diversas y divertidas para jugar. Puedes probar diferentes combinaciones de granos, lúpulo y levadura. Puede ajustar cuando se agrega cada ingrediente y aprender a equilibrar el sabor amargo con el sabor del lúpulo para darle una mezcla rica profunda o una cerveza ligera y todo usando el mismo equipo y los mismos ingredientes. Así que con esa tentación a la diversión y la variedad sin fin que se puede encontrar en un pasatiempo de la elaboración de cerveza casera, es sólo una cuestión de empezar.

Es muy fácil caer bajo la influencia de "puristas de la cerveza" que abogarán por equipos muy caros y complicados y el uso de ingredientes exóticos para hacer una cerveza de muy alta calidad y sabor. Si usted hace que sea una práctica para socializar en el minorista de elaboración de cerveza casera o en los clubes de elaboración de cerveza en casa o sitios web, es fácil de recoger ese lado de la comunidad de elaboración de cerveza casera que es muy particular y avanzado en el arte de la elaboración de cerveza casera.

Pero es importante recordar que nada más empezar que usted no es un purista de la elaboración de cerveza casera todavía! Y es mejor no tratar de serlo porque al comenzar, es mejor dejar que otros te ayuden a obtener algunos equipos muy básicos para que puedas aprender el oficio de la elaboración casera y desarrollar tus habilidades fácilmente y sin tanta presión. Si gasta miles en equipos muy elaborados y difíciles de operar demasiado pronto, se sentirá frustrado y si el resultado no es el correcto, se sentirá decepcionado. Así que córtate un poco de holgura y compra solo lo básico y solo aprende a hacer un lote de cerveza con los pies en la tierra. Si es potable en absoluto después de pasar por el proceso un par de veces, lo está haciendo muy bien. Y tienes todo el tiempo del mundo para aprender tu oficio y crecer hasta que puedas permitirte el lujo de ser un "purista de la cerveza" y ser quisquilloso y particular también.

Así que no se avergüence de comprar un kit básico de fabricación de cerveza en la tienda minorista de cerveza o en línea para comenzar. Estos kits vienen con todo lo que necesita en equipos y suministros para pasar por la fabricación de sus primeros lotes de cerveza. Es importante que te des el tiempo para usar estos kits de inicio para aprender tus habilidades básicas. Luego, una vez que tenga lo básico, será muy divertido comprar diferentes tipos de granos, lúpulo y levaduras y experimentar para refinar sus habilidades. Esa es una forma natural de aprender y alejarse de convertirse en un entusiasta de la fabricación de cerveza durante mucho tiempo y disfrutar de este maravilloso pasatiempo durante muchos años por venir.

ESPERAR SU CERVEZA CASERA ES LA PARTE MÁS DIFÍCIL

El artista de música rock Tom Petty tuvo una canción de éxito que dice: "The waiting is the hardest part". Y cuando se trata de elaborar su propia cerveza, tal vez el paso más difícil de todos ellos es el proceso de fermentación y envejecimiento. Después de todo, los pasos previos al momento en que esperas a que la cerveza madure está lleno de actividad. Desde la compra de nuevos equipos e ingredientes, hasta la limpieza y preparación, la ebullición del mosto, el enfriamiento y la preparación para la fermentación, es un proceso divertido. Y eso es lo que quieres de una gran afición.

Pero una vez que haya utilizado todas sus habilidades (hasta ahora) para hacer un gran mosto que esté listo para fermentar y envejecer, almacenar y esperar a que ese proceso termine parece tomar para siempre. Si este es uno de sus primeros lotes o si probó un nuevo grano o lúpulo, está ansioso por ver qué tan bien sabrá la cerveza. Y estás ansioso por servir cerveza casera helada a amigos y familiares. Pero también sabes que si irrumpen e interrumpes el proceso demasiado pronto, la cerveza que bebes será insatisfactoria y no tan rica y sabrosa como lo será cuando se termine el proceso de envejecimiento. Así que esperas, a veces con impaciencia.

Una forma de seguir disfrutando de la "parte divertida" de la elaboración casera es tener lotes frescos de cerveza en producción cada semana. Si fueras por esa ruta, eventualmente terminarías con mucha cerveza en varias etapas de fermentación y envejecimiento y tendrías que fechar y marcar las botellas de almacenamiento para que sepas qué cerveza está lista para usar y cuál necesita más tiempo para alcanzar la madurez. Y cuando consideras que un tamaño mínimo promedio de un ciclo de elaboración de cerveza casera resulta en cinco galones de cerveza, eso puede significar que tendrás mucha cerveza terminada a menos que tengas una gran audiencia de bebedores de cerveza para ayudarte a beber las cosas.

El tiempo entre que la cerveza se embotella después de que se complete el proceso de elaboración de la cerveza hasta que esté lista para degustar puede ser de seis semanas a seis meses si se incluye tanto la fermentación como el envejecimiento. El proceso de envejecimiento real es bastante fascinante y entenderlo te ayuda a desarrollar paciencia para que la naturaleza tome su curso. Durante la fermentación, la levadura trabajará para cambiar la estructura del azúcar que formaba parte del proceso de elaboración de la cerveza. A medida que la fermentación continúa, se crea dióxido de carbono y esto le da a su cerveza esa calidad burbujeante que es una gran parte del atractivo de la bebida.

La fermentación también empuja los sedimentos de la levadura y las proteínas y estos sedimentos dañarían el sabor de su cerveza si se interrumpiera el ciclo. Vale la pena dejar que el proceso cure naturalmente la cerveza para que estos subproductos no deseados naturalmente funcionen para salir del producto terminado. Se necesita mucha paciencia para ser un cervecero, incluso un cervecero casero porque permitir que el proceso de envejecimiento produzca cerveza perfecta puede tomar más de un mes o incluso más. Pero esta espera es tanto una parte de hacer una gran cerveza como la ebullición y la fermentación, por lo que tienes que nutrir el lado paciente de ti mismo para obtener un gran resultado.

Parte de su preparación para la elaboración de la cerveza es preparar un lugar para que su cerveza se aloje en condiciones óptimas para que la fermentación trabaje su magia. A diferencia de tal vez su impresión antes de convertirse en un cervecero casero, no almacenará la cerveza en el refrigerador durante esta fase porque las temperaturas más frías en realidad detienen el proceso de fermentación. Es por eso que mantienes la leche allí.

En su lugar, planee establecer una "sala de fermentación" que se mantenga a una temperatura fresca constante entre 65 y 75 grados en cualquier época del año. Esta debe ser una habitación donde se pueda lograr cierto control de temperatura para que la cerveza se mantenga en un ambiente estable para alcanzar un sabor perfecto. También es una habitación a la que no sentirás la necesidad de ir e interrumpir el proceso de fermentación. Puede extraer parte de la cerveza tan pronto como 4 semanas desde el inicio de la fermentación. Pero para el mejor sabor posible para su cerveza, usted debe dar a este proceso de dos a cuatro meses para un envejecimiento adecuado.

LO QUE LOS GURÚS DE LA FABRICACIÓN DE CERVEZA SABEN

Lo bueno de preparar tu propia cerveza es que puedes ser bueno en ello comenzando y ser genial con el tiempo. Puede hacer que todos y cada uno de los lotes sean sabrosos y agradables, pero al mismo tiempo siempre se ve impulsado a hacer una mejor cerveza. Parte de la función de los concursos de elaboración de cerveza casera y ser parte de su club de cerveceros locales es que obtenga esos consejos y aprenda de los viejos profesionales de la elaboración de cerveza, por lo que mes a mes y año tras año, su cerveza se vuelve cada vez mejor.

Una cosa importante que los verdaderos gurús de la cerveza saben es lo que los grandes chefs saben y es que la calidad de la cerveza se reduce a la frescura de los ingredientes que utilizas. Un área que puede mejorar en la frescura es con la levadura que utiliza para la fermentación. Una levadura seca simplemente no es tan fresca como la levadura líquida, por lo que es donde un pequeño cambio puede afectar dramáticamente la frescura de su cerveza. Utilice este mismo enfoque con los granos, el lúpulo y todos los ingredientes perecederos que necesita para un lote de cerveza casera de calidad.

Pero al igual que incluso si compras harina fresca para pan, la congelas para retrasar que se añeja y usas la refrigeración adecuada para todos tus ingredientes de elaboración de cerveza. En primer lugar, solo compre los ingredientes cuando el día que va a preparar esté muy cerca. Y usa todo lo que puedas en un lote. Obtendrá un instinto natural para la cantidad de cada ingrediente que necesita para una sola carrera de elaboración de cerveza y, finalmente, llegar a donde se puede comprar lo suficiente, utilizarlo hasta el día siguiente con poco o ningún sobrante y de esa manera siempre estar elaborando cerveza con ingredientes absolutamente frescos. Pero aún así, haz algo de espacio en tu congelador y refrigerador para ralentizar el envejecimiento de las cosas que componen tu cerveza. Los granos y la levadura pueden ir en el refrigerador y el resto en el congelador por un corto tiempo. Utilice sus ingredientes rápidamente. No amontonar la pila.

El control de la temperatura es un tema central con todos los gurús de la elaboración de cerveza casera que buscan el control absoluto sobre la calidad de su producto. Ese primer paso de la elaboración de la cerveza que es la ebullición de los granos y el lúpulo para componer el "mosto" es una operación intensiva en calor. Pero una vez que termine el tiempo de su fase de ebullición, baje la temperatura del mosto muy rápidamente. Al bajar la temperatura de ebullición a temperatura más fría a un ritmo muy rápido, reducirá las contaminaciones en su cerveza y su producto final tendrá una claridad mucho mejor, lo que es un signo de una gran cerveza. Este es un pequeño truco del comercio que puede tomar un poco de esfuerzo y tal vez incluso equipo especializado como un enfriador de inmersión para su mosto, pero valdrá la pena en la calidad de la cerveza que resulta.

Mantener la temperatura de su cerveza terminada constantemente bajo control durante la fermentación también es un problema central con los gurús de la fabricación de cerveza para asegurarse de que su cerveza sea de la más alta calidad. Si usted es un cervecero casero dedicado y quiere comprar un refrigerador solo para dedicarlo a la fermentación, esa sería la mejor situación porque podría controlar cuidadosamente la temperatura.

Pero hay otros métodos que muchos cerveceros caseros utilizan para asegurar su cerveza fermentando dice a una temperatura constante. Puede seleccionar el mejor lugar de la casa donde la cerveza permanecerá relativamente fresca todo el día. Luego envuelva el fermentador usando toallas húmedas y luego coloque un ventilador en la cerveza envuelta. Esto utiliza la humedad del agua y la frescura que proviene del ventilador para mantener la cerveza en el mejor ambiente posible para crear cerveza de gran sabor.

NO SE PUEDE HACER GASOLINA, PERO SE PUEDE HACER CERVEZA

En tiempos económicos difíciles, todos buscamos formas de ahorrar dinero. Con los precios de la gasolina subiendo constantemente, los precios de todo lo que va a la derecha con ellos. A diferencia del gobierno, no podemos imprimir dinero, por lo que cualquier cosa que podamos hacer para reducir costos sin renunciar a la calidad de vida es una buena medida. Y si la calidad de vida incluye tener una buena cerveza de degustación de vez en cuando, bueno, entonces definitivamente hay algo que podemos hacer y tal vez ya esté comenzando a hacer eso no solo es muy divertido, sino un muy buen movimiento de reducción de costos para usted.

Lo bueno de tomar la elaboración de cerveza casera que se obtienen tres grandes beneficios, todo en un gran pasatiempo. Primero obtienes una nueva pasión en tu vida que te mantendrá ocupado y aprendiendo un lado de la fabricación de cerveza que nunca sabías que podría ser tan fascinante. En segundo lugar, heredas toda una sociedad de personas fascinantes que son fanáticos de esta afición y estilo de vida de la elaboración casera. Y finalmente, una vez que te pones a configurar con el equipo y aprendes las "cuerdas" de preparar tu propia cerveza en casa, puedes hacer cerveza que es 100 veces mejor que cualquier cosa que puedas obtener en la tienda de licores o en un restaurante. Pero usted puede hacerlo por un pequeño porcentaje de lo que pagaría por la cerveza al por menor que es inferior a la suya de todos modos.

Lo bueno de la elaboración casera es que además de todos estos beneficios, realmente no es difícil aprender a hacer una gran cerveza en casa. Tomará un poco de esfuerzo y un poco de estudio o entrenamiento para aprender a usar el equipo y qué ingredientes comprar y almacenar. Pero debido a que los ingredientes son fáciles y abundantes de conseguir, puede configurar para hacer literalmente galones de cerveza por una inversión muy pequeña. Así que además de la gran diversión, eso es sólo economía sensata.

Una gran manera de obtener ayuda con este proceso y hacerlo aún más divertido es aprender a hacer cerveza con un grupo de amigos. Puede dividir los costos y hacerlo aún más económico. Y cada uno de ustedes puede y poner en común sus conocimientos, usted está aprendiendo y sus talentos para hacer cada lote de cerveza mejor que el anterior. Debido a que el proceso de elaboración de la cerveza implica varios pasos, necesita esa paciencia y comprensión del proceso para hacerlo bien. Y tener amigos en el proceso, cada uno puede estar atento a los pasos que deben tomarse. Luego, cuando la cerveza entra en la etapa de fermentación y lo que todos necesitas es paciencia para no entrar en la cerveza y beberla antes de su tiempo, puedes ser un grupo de apoyo para estar dispuesto a esperarla porque sabes lo buena que será.

Este grupo de apoyo también puede ser muy útil para ser paciente si ese primer lote de cerveza no es del todo perfecto. Pero sabes que hay maneras de mejorar. Así que al ser fiel con su aprendizaje, unirse a otros amantes de la elaboración de cerveza alrededor de su ciudad, puede y mejorará rápidamente.

Pero el otro valor de trabajar junto con buenos amigos es que eventualmente puede tener una idea de cuánta cerveza hará con cada lote y cuánto usará cada uno de ustedes en un período de tiempo. Luego puede cronometrar las sesiones de elaboración de cerveza para que incluso tenga varios lotes en varias etapas de finalización y que entren en uso en los momentos justos para que nunca tenga que ir a la tienda de licores nuevamente. Usted habrá tomado el control de esta parte de su economía haciendo su propia cerveza por lo que es un costo que puede controlar, a diferencia de la gasolina.

Amantes de Zymurgy que conoces

La diversión de cualquier pasatiempo o pasión privada es conocer el lenguaje secreto que lo acompaña. Así que si alguien se acerciera a ti y te dijera: "Realmente estás en esas cosas perezosas, ¿no es así?", es posible que no sepas si darle las gracias o darle una bofetada. Pero si estás empezando a entusiasmarte con el arte de hacer cerveza en casa, no solo te estás metiendo en "esas cosas zymurgy", probablemente conozcas a algunos de los principales zymurgists también. Zymurgy, para los aficionados a la trivia, es el arte de la fermentación que conduce a la producción de cerveza.

Hay mucha diversión en la afición de hacer cerveza. No solo no es un proceso difícil de aprender, sino que es gratificante sacar botellas de cerveza de rico sabor para tu familia y amigos que hiciste tú mismo. Y dado que la mayoría de los lotes de cerveza casera producen cervezas de cinco galones, tendrá mucha cerveza por una pequeña fracción de lo que pagaría por la cerveza comercial.

Pero hay otro nivel de diversión acerca de convertirse en un cervecero aficionado y que viene de descubrir todo este nuevo mundo de otros cerveceros que están por ahí difundiendo el evangelio de la elaboración casera a lo largo y ancho. La red de personas que aman elaborar su propia cerveza es extensa y bien organizada. Zymurgy es en realidad una pasión internacional que se remonta a miles de años y llega a casi todas las sociedades. Así que a estas alturas, cuando comiences a descubrir el enorme mundo social de los fabricantes de cerveza, te sorprenderás de la diversidad y el tamaño de esta cultura que ha existido justo debajo de ti todo este tiempo.

El primer grupo del que debe formar parte para conectarse con el mundo más amplio de la elaboración de cerveza casera es la *American Homebrewers Association.* Operan un interesante, informativo y actualizado sitios web sobre la elaboración de cerveza casera en http://www.beertown.org/ba/index.html. Una de las mejores cosas que descubrirá en el sitio web de la AHA es una lista de los próximos eventos de elaboración de cerveza casera en todo el país. Lo más probable es que en algún lugar de su área geográfica haya un evento que se está planeando para reunir a entusiastas de la elaboración de cerveza en casa como usted para intercambiar métodos, compartir recetas y, en general, celebrar este emocionante pasatiempo juntos.

Tan pronto como se conecte al sitio web de la AHA, su conocimiento de la fabricación de cerveza y la cantidad de información que está disponible para usted se dispararán. De hecho, sin duda querrás obtener rápidamente la revista bimensual de la AHA. No en vano, esa revista se llama Zymurgy. A través de la revista Zymurgy y navegando beertown.org, también descubrirá sobre días especiales reservados solo para celebrar la gran comunidad de entusiastas de la cerveza en casa, como el *Día Nacional de*

Homebrew que se celebra el primer sábado de mayo. El Congreso de hecho apartó este día para celebrar el amor por la elaboración casera. Sin duda, algunos senadores y congresistas también elaboran su propia mezcla en casa.

Junto con las publicaciones y festivales, hay concursos regulares de elaboración de cerveza que puede mantenerse al día a través de la AHA y a través de afiliados locales también. Estas competiciones son muy divertidas, pero usted puede sentirse tímido acerca de entrar en su nuevo brebado de cerveza para ser juzgado. Pero todo es divertido y al esforzarse por hacer que su cerveza sea de calidad de competencia genuina, solo hace que la emoción que ya tiene para la elaboración casera sea aún más divertida y atractiva entre los concursos.

Pero tal vez el mayor servicio que la organización nacional puede ser para usted es señalarle a los contactos locales para ayudarle a avanzar más rápidamente en el desarrollo de su amor por la elaboración de cerveza casera. Este es el tipo de red que necesita para encontrar las mejores tiendas locales de suministro de cerveza para que pueda abastecerse de los granos, maltas y lúpulo que necesitará para hacer su próximo gran lote de cerveza casera.

Pero lo más importante es que puede conectarse con la asociación de cerveceros caseros en su propia comunidad y convertirse en parte de esta comunidad muy activa y divertida. Y a medida que aprendas los trucos internos y pruebes sus mezclas, avanzarás mucho más rápidamente hacia la fabricación de tu propia cerveza que realmente probará de la manera que quieres. Así que salga y diviértase con las personas que aman la elaboración casera al igual que usted. Nunca te arrepentirás.

SOBRE EL AUTOR

C.X. Cruz nació en Puerto Rico y ha vivido en el área de la ciudad de Nueva York desde que tenía 14 años. Tiene títulos de posgrado de la Universidad Estatal de Nueva York y la Universidad de Honolulu en Ciencias de la Computación. Ha trabajado para bancos de inversión europeos como UBS, y para bancos estadounidenses como Goldman Sachs. Sus aficiones incluyen la silvicultura y el remo.

Cuando era un estudiante de posgrado muy joven, Cruz pensó en publicar libros. Hace 30 años era extremadamente difícil publicar un libro utilizando los métodos tradicionales. Renunció a este sueño editorial en ese entonces. Afortunadamente, hay numerosas maneras de convertirse en un auto-editor hoy en día. Internet ha democratizado muchos negocios como la edición de libros. Cruz puede traerte un gran contenido y un gran precio. Nunca dejes de leer y aprender. ¡Cruz sabe que disfrutarás leyendo sus libros!

LEGAL

El material de este libro se obtuvo de InDigitalWorks.com con derecho de participación.

SIN RESPONSABILIDAD

Bajo ninguna circunstancia el creador del producto, programador o cualquiera de los distribuidores de este producto, o cualquier distribuidor, será responsable ante cualquier parte por cualquier daño directo, indirecto, punitivo, especial, incidental u otro daño consecuente que surja directa o indirectamente del uso de este producto. Este producto se proporciona "tal cual" y sin garantías.

El uso de este producto indica su aceptación de la política de "No responsabilidad". Si no está de acuerdo con nuestra política de "No responsabilidad", entonces no se le permite usar o distribuir este producto (si corresponde). La falta de lectura de este aviso en su totalidad no anula su aceptación de esta política en caso de que decida utilizar este producto.

La ley aplicable puede no permitir la limitación o exclusión de responsabilidad o daños incidentales o consecuentes, por lo que la limitación o exclusión anterior puede no aplicarse a usted. La responsabilidad por daños y perjuicios, independientemente de la forma de la acción, no excederá la tarifa real pagada por el producto. InDigitalWorks.com

DERECHOS DE AUTOR